ミニマル料理

最小限の材料で最大のおいしさを手に入れる現代のレシピ85

稲田俊輔

柴田書店

絶対に読んでほしい前書き

現代は、便利で豊かな時代です。
スーパーに行けば、それだけで料理の味が決まる便利な調味料や半加工品などがずらりと並んでおり、それらを使えばさまざまな料理が簡単につくれてしまいます。その味だって、お店の料理と比べても決して遜色ないものがいくらでもあります。
それすらも面倒なら、既に出来上がったお惣菜や冷凍食品だって、選びきれないほど豊富な選択肢があります。しかもそのクオリティは、昔と比べて格段に進化しています。もしくは外食で済ませるという手もあります。良くも悪くも日本の外食は価格が安いので、日常的に利用できる店にはちっとも困りません。
同時に、手間をかけることを厭わない料理好きにとっても、今はいい時代です。さまざまなレシピが世に溢れ、よほど特殊なもの以外は世界中の食材が手に入ります。そういう方たちは、家でも普通に専門店さながらの料理を楽しんでいることでしょう。

この本は、いかに少ない食材とシンプルな調理法でおいしい料理をつくるか、ということを基本テーマにしています。しかし単にそれだけだったら、この本は今の世の中に必要ありません。なぜなら、簡単においしい料理を手に入れる方法は、先述したようにいくらでもあるからです。なのに、なぜ僕がこの本を書かずにいられなかったか。そのことについて少しお話ししておこうと思います。

お店さながらの味が簡単につくれる、そしてその気になればより本格的な料理にも挑戦できる。そんな現代において、急速に失われつつあるものがあります。それが「普通の家庭料理」です。いや、それは「かつて普通だった家庭料理」と言い換えた方が適切かもしれません。
僕は古い料理本を読むのが好きです。その中でも特に好きなのが50年くらい前の家庭料理本の数々なのですが、そこに掲載されている料理を実際につくったり、レシピから味を想像したりしていると、それは現代の家庭料理とは大きく異なっていることに気付かされます。あえてざっくり言うと、それらはおしなべてなかなかの手間がかかる割に、案外素っ気ない味に仕上がります。
素っ気ない、と言うと悪口にも聞こえるかもしれませんが、その素っ気なさは実は極めて好ましいものでもあります。「素材そのものを生かした料理」なんて大上段に構えるつもりはありませんが、ただ、そこには凛とした飽きない味があります。そして少々皮肉なことに、今の私たちが日常的に利用する飲食店よりもっと敷居の高い、いわゆる高級店のシンプルで研ぎ澄まされた料理にも通じるものがそこにはあるのです。昔の人たちは、こんないいものを家で食べていたのか、という驚きがあります。

この本は、そういったいにしえの家庭料理本に対するオマージュに溢れています。ただし僕は、単にそれを現代に蘇らせたかったわけでもありません。それはさすがに手間と時間がかかりすぎます。味だって(ある意味、現代の高級店と同様に) 万人にウケるようなものでもありません。

僕が目指したのは、いわばSF小説で言うところの「if」の物語です。つまり、そんなかつての家庭料理がその凛とした味わいを保ち続けたままで現代――すなわち、世帯人数が減り、料理に時間や手間がかけられなくなった、そして誰もがすっかりおいしいものに舌が慣れてしまった時代――にまで進化したら、それはどのようなものになっていただろう、という空想です。

僕がこの方向を目指した理由。それは正直なところ、現代の日常的な外食と、それにひたすら接近せんとする中食や「便利な」家庭用調味料の味に、少々ウンザリしていたからでもあります。そのウンザリ感をバネにして、この数年間にわたり「料理はどこまでミニマルにできるか」という、ある種の実験を繰り返してきました。実験ですから成功もあれば失敗もあったのですが、成功したミニマル料理の数々は、今ではすっかり「我が家の定番料理」になりました。SF的な空想が、我が家限定ですっかり現実になったわけです。
少々下世話な言い方をすると、普段そうしょっちゅうは行けない高級店の味が、いつでも簡単に手に入るようになった、とも言えるかもしれません。高級店の料理と言うと、希少な食材と特殊な技術が駆使されているイメージがあります。もちろんそれが高級店の高級店たる所以でもあります。しかし同時に、それはその一部でしかありません。土台はやはり、当たり前の材料を基本的な技術で調理することなのです。

ミニマルレシピが目指したものはこれです。「普通の食材と定番調味料が、実はこんなおいしさを秘めていたのか！」という驚きと納得のある料理。そこには精度、言い換えれば経験や勘といった暗黙知に頼らない「レシピの再現性」が必要なのですが、それには徹底的にこだわりました。誰がつくっても同じ仕上がりになりますよ、ということです。

こういった一連の成果は、少々大袈裟かもしれませんが、ある種の哲学にも至りました。
「麻婆豆腐を麻婆豆腐たらしめる最低限の要素とは何なのか」
「煮物には本当にだしが必要なのか」
「そもそもおいしいって何だ？」
……まあ、あまり深く考えすぎてもしょうがないのですが、「最小限の要素で最大のおいしさを手に入れる」という目的は達成できたのではないかと自負しています。
そしてそんなミニマル料理は、到達点であり、また別の出発点でもあります。本書における各レシピは基本形に加え、そこにもうひと工夫加えた展開例も紹介しています。これをヒントに皆さんが、皆さんだけの新しい我が家の味をつくり出していただけたら、そしてそれが一生つくり続ける料理になったら、僕にとってこれ以上の喜びはありません。

稲田俊輔

目次

30分チキン　84

野菜のミニマル箸休め　92

だけスパ　94

野菜の蒸し煮
～あらゆる野菜がおいしくなる100：10：1の法則　110

タレ、ソース、ドレッシング　116

ミニマル洋食　クラシック　124

◎本書を使う前に

・フライパンはテフロン加工（フッ素樹脂加工）した直径20cmのものや24cmのもの、鍋は直径14cmのものや18cmのものを料理に応じて使いわけています。
・調理前に、フライパンや鍋の重量をデジタルキッチンスケールで計っておいてください。料理の仕上がり重量を計る際には、総重量からそれらの重量を引いて計測します（鍋が熱い場合はキッチンスケールとの間に鍋敷きを挟みます）。
・キッチンスケールは、2kgまで計れるものをおすすめします。
・レシピに何人前かの記載がない場合は、「つくりやすい分量」を示しています。
・バターは特に記載がない場合、有塩バターを使用します。
・温度、時間、火加減は目安です。キッチンの環境に応じて調整してください。

調理道具は合理性がすべて

シンプルな味わいを目指す料理ほど、材料のバランスそのものが最終的な仕上がりに大きく影響します。これは、素材と調味料のバランスとも言い換えられます。例えば「麺つゆ」や「固形コンソメ」などを使って調味するなら、多すぎても少なすぎてもなんとかなると言えばなるのですが、それが「醤油」や「塩」になると、ぐっとシビアになります。
シビアと言っても、慣れればむしろそういったシンプルな調味料の方が感覚だけでピタッと味を決めやすくもなるのですが、そうなるまではやはり計量が大事です。
本書では、食材も調味料もすべて「グラム」を基本としています。なす1本とっても重さはバラバラですし、調味料は大さじ小さじではどうしても誤差が大きくなってしまいます。ですので本書では、計量のためにデジタルスケールを用意することを強く推奨します。
デジタルスケールが活躍するのは材料の計量だけではありません。ある意味それより重要なのが仕上がり量の確認です。特に煮物は、調理中にどれだけの水分が蒸発するかで仕上がりが大きく変わります。ですので、調理中も鍋ごとスケールにのせて重さを確認することで、仕上がりをベストの状態に近付けるのです。本書では「程よく煮詰める」というような曖昧な表現を可能な限り避け、理想の仕上がり量をグラムで表記しています。

デジタルスケールに限らず、便利なものはなんでも使って楽をするのが料理のコツです。
昔の家庭料理では、「おろし金でおろす」「すり鉢でする」といった丁寧な下ごしらえに大きな意味がありました。そのことが持つ価値は今でも変わっていませんが、正直それは面倒です。本書ではその役割をミキサーに任せました。いつでもキッチンに出しておけるコンパクトな「ミルミキサー」がおすすめです。
包丁は高価なものである必要はありませんが、まめに研ぐとやはり快適さがずいぶん違います。砥石よりむしろ、さっと取り出して気軽に使えるセラミックの「研ぎ機」がおすすめです。電動のものはさらに気楽です。
キッチンタイマーはもはや必須のアイテムです。ボタンの押しやすさなどで使い勝手がずいぶん変わってきますので、選び方が大事。選ぶのに失敗したと思ったら2個目を買えばいいのです。2つ以上あればそれはそれで何かと重宝するはずです。

最後に鍋は、迷ったら小さいものを！ 少量を手早くおいしくつくるのに適した鍋は、案外小さいものです。煮物だって実は小さいフライパンで充分、ということはよくあります。そして鍋でもフライパンでも、テフロン加工は何かと気楽です。
道具は高価である必要はありません。合理的か否か、それがすべてです。

調味料の「幸福論」

調味料の選び方について考えるとき、僕はこんなエピソードを思い出します。
とある未開の地を調査に訪れた人類学者が、そこの長老にコーヒーを淹れてすすめます。しかし長老は、それを断ってこう言うのです。

「お前がそうやってすすめてくれるからには、それはきっとうまい飲み物なのだろう。しかし私はそれを死ぬまで飲み続けるわけではないのだから、その味を今知ってしまうことは、決して私に幸福をもたらすことはないだろう」

調味料もまったくこれだと思います。
スーパーにはさまざまな調味料が並んでいます。中には小規模な生産者の希少なプレミアム品があったり、大メーカーがその技術力を駆使した凝った物があったりして、思わず手に取ってしまいます。しかしそんな時、僕はこのエピソードを思い出すのです。プレミアム品は今後いつでも手に入れられるわけではない。凝った製品はいつ仕様変更されたり終売になってしまったりするかもわからない。だから今これを買ってしまうことは、必ずしも自分に幸福をもたらすとは限らないのではないか、と。

そんなわけで僕が常用するのは、基本的にはオーソドックスな基本調味料ばかりです。濃口醤油はヤマサ、薄口醤油はヒガシマル、味噌は麦と八丁と西京、砂糖はきび砂糖、みりんはタカラ本みりん、といった感じ。中華やアジア系の調味料は凝り始めるとキリがないのですが、最低限にしてその組み合わせで何とかします。スパイスも仕事以外ではあまり特殊なものは使いません。
ただし酢だけは自制心のタガがやや外れます。基本はミツカン純米酢なのですが、他にも中国の香酢や、鹿児島の超高級黒酢、マイユ社のシェリービネガーなどなど。これは半ば道楽ですが、それでもそのそれぞれは、確実に一生使い続けられるものばかりです。
ちなみにここで挙げた選択がいかなる時もベストと言うつもりはありません。例えばキッコーマンなんかの香り華やかな醤油に慣れている人にとっては、ヤマサは少々地味かもしれません。好みを見付けることが大事です。

調味料自体は最小限の種類に抑える代わりに、タレやソースなどはこの本で紹介したようなものをつくって常にストックしています。お気に入りのドレッシングを見つけても、それはいつまでも売っているとは限りませんが、自家製ドレッシングのレシピは一生物の宝です。

究極にミニマルな、
なすの醤油煮

なすの煮物と言えば、なすをまず油で揚げるか炒めるかしてからだしで煮含めるのが一般的ですが、実はもっとシンプルにつくっても充分すぎるくらいおいしいのです。

このなすの醤油煮は、材料をすべて鍋に入れて火にかけるだけ。
味つけは醤油のみです。
だしや甘味がないと物足りないのでは？ と不安になるかもしれませんが大丈夫です。まずはつくってみてください。

そして、このシンプルな味をベースとして、次から自分好みのプラスαを加えていくのもこの料理の楽しみ。

このレシピは家庭用料理本の古典的名著『おそうざい十二ヵ月』（暮しの手帖社）に収録されている「なすのいなかふう」をモチーフに、材料を定量化、そしてより楽ちんな工程にアレンジしたものです。お料理初心者でも、材料や仕上がりをちゃんと計量すれば確実においしくできるように工夫しました。

P.8「調理道具は合理性がすべて」に記載した通り、つくる前に鍋の重さを計っておいてください。加熱後に鍋の中身の重さを確認して、仕上がりの目安通りになっていればそれがおいしく仕上がっている証です。

なすの醤油煮　基本形 （P.10）

材料

ナス（乱切り）　300g

サラダ油　30g

濃口醤油　20g

水　150g

①キッチンスケールで
空の鍋を計量しておく。

②鍋に材料をすべて入れる。

③蓋をして、中火にかける。

④ナスがしんなりするまでぐつぐつ煮る。

⑤しんなりしたら蓋を取り、さらに煮る。

ポイント もしあれば落とし蓋をすると満遍なく味が染みる。なければ、ないでOK。

⑥味が染みて、完全にやわらかくなった状態。

⑦計量し、中身が300gになっていたら完成。

ポイント 300gより多ければさらに煮る。300gより少ないのにやわらかくなっていなければ、水を足してさらに煮る。

展開①

一晩おいたなすの醤油煮　薬味わっさー

なすの醤油煮は、味が染みて落ち着いた翌日以降が真骨頂。冷蔵庫から出したひんやり冷たいなすに薬味をたっぷりのせれば極上の酒肴です。薬味は生姜、ミョウガ、万能ネギ、大葉、白ゴマなどお好みで。自家製ポン酢（P.123）を少したらしてもおいしいです。

材料
（なすの醤油煮　基本形に加えて）
お好みの薬味　適量

①薬味をきざみ、なすの醤油煮の上にたっぷりと盛る。お好みでポン酢を少量かける。

展開②

なすの麺つゆ煮

「なすの醤油煮　基本形」の醤油をそのまま麺つゆに置き換えれば、旨味と甘味が加わり、老若男女誰にでも好まれる味わいに。居酒屋や市販のお惣菜っぽい味になるのは嬉しくもあり少し残念でもありますが、つくり立てすぐでも味が落ち着くのは魅力です。

材料
「なすの醤油煮　基本形」の濃口醤油を同量の麺つゆ（4倍濃縮のもの）に置き換える。その他は同じ

①「なすの醤油煮　基本形」と同様につくる。お好みできざんだ万能ネギをのせる。

基本形　＋　薬味いろいろ

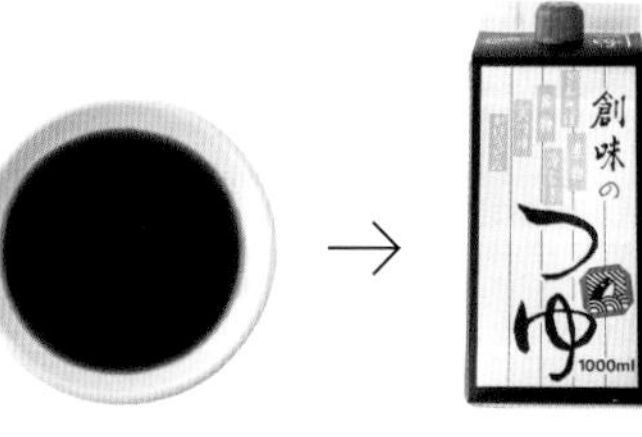

濃口醤油　→　麺つゆ

展開③

なすの醤油煮　小料理屋風

薄口醤油、みりん、酒で、色合いも味わいも、はんなりと上品に仕上げます。こちらも煮汁にはだしを加えませんが、仕上げにかつお節で旨味をのせます。お酒、ことのほか日本酒によく合う、むかし風の小料理屋さんの趣です。

材料
ナスとシシトウ　合わせて300g
サラダ油　20g
薄口醤油（ヒガシマル）　15g
みりん　15g
酒　30g
水　120g
かつお節（あれば糸がき）　適量

①「なすの醤油煮　基本形」と同様につくる（かつお節は取りおく）。器に盛ったら、かつお節をのせる。

濃口醤油 → 薄口醤油

展開④

なすと椎茸のオイスター醤油煮

なすの醤油煮からの発展形で、いろいろなおいしい要素をこれでもかと足し算した賑やかな味わいの一品です。ただし材料はほぼ植物性なので、中国家常菜（中国の普段のおかず）を思わせる家庭的な一面も。冷めてもおいしく味もしっかりしているので、お弁当にも最適です。

材料
ナス　200g
椎茸　100g
ニンニク　4g
タカノツメ　少々
サラダ油　25g
ゴマ油　5g
濃口醤油　15g
オイスターソース　15g
酒　30g
水　120g

①「なすの醤油煮　基本形」と同様につくる。器に盛ったら、お好みで万能ネギ、白炒りゴマ、糸唐辛子をあしらう。

椎茸 ＋ オイスターソース

ミニマル麻婆豆腐

麻婆豆腐の歴史を調べていたときに、発祥当時の麻婆豆腐は今よりずっとシンプルな料理だったことがわかりました。それをヒントに生み出した、とてもお手軽かつ素材のおいしさが堪能できるシンプル麻婆豆腐です。

現代の麻婆豆腐は何種類かの醤（ジャン）を使い、中華スープを加え、片栗粉でとろみをつける方法が一般的ですが、実はもっとシンプルに、家庭に普通にある材料だけでチャチャっとつくっても充分においしいのです！

ミニマル麻婆豆腐はどこの家庭にもある調味料だけであっという間につくれて、豆腐の水切りや湯通しも不要です。むしろ豆腐から染み出す水分が、合挽き肉のコクと相まっておいしさの決め手になるのです。基本形では四川麻婆豆腐の定番である花椒の代わりに黒コショウを使っていますが、花椒があればもちろん足しても大丈夫です。

基本のミニマル麻婆豆腐 (P.16)

材料(2人前)

A　サラダ油　15g
　合挽き肉　150g
　ニンニク(粗みじん切り)　15g
　一味唐辛子　2〜6g

B　水　100g
　濃口醤油　30g
　木綿豆腐(1.5cm角に切る)　300g

C　長ネギ(粗みじん切り)　30g
　黒コショウ　2g

①フライパンでＡの材料を計量する。

②そのまま中火にかけて肉に火が通るまで炒める。

ポイント 豆腐の水気はきらずに入れてOK。

③Bを加えて計量する。

④再び火にかけ、ぐつぐつと5分ほど炒め煮に。

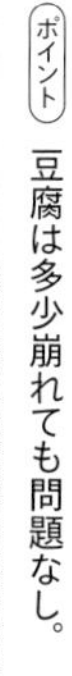

ポイント 豆腐は多少崩れても問題なし。

ポイント 花椒パウダーを足すならこのタイミングで。

⑤水分が飛んできたら、
Cを加える。

⑥全体をさっと炒め合わせて完成。

展開①

お店っぽい味のミニマル麻婆豆腐

基本のミニマル麻婆豆腐よりも調味料の種類を少し増やして、お店の四川麻婆豆腐っぽい味に仕上げます。挽き肉も、現代主流の麻婆豆腐に合わせて豚挽き肉を使いました。甜麺醤の代わりに「赤味噌10g + 砂糖5g」を使用していますが、これを「甜麺醤15g」に置き換えても構いません。

材料（2人前）

A サラダ油　15g
　豚挽き肉　150g
　ニンニク（粗みじん切り）　15g
　豆瓣醤　10g
　赤味噌（できれば八丁味噌）　10g
　砂糖　5g

B 水　100g
　濃口醤油　15g
　木綿豆腐（1.5cm角に切る）　300g

C 長ネギ（粗みじん切り）　30g
　花椒パウダー　1g

①フライパンでAの材料を計量し、そのまま中火にかけて肉に火が通るまで炒める。
②Bを加えてひと煮立ちさせ、水分が飛ぶまでぐつぐつと約5分ほど炒め煮にする（豆腐は多少崩れても問題ない）。
③Cを加えてさっと炒め合わせる。

展開②

ファミリー向けミニマル麻婆豆腐

辛味をおさえつつ顆粒スープとオイスターソースで旨味を加えた、老若男女どなたにも食べやすい、ちょっと町中華風のミニマル麻婆豆腐です。お子様向けには一味唐辛子を完全に省いても充分料理として成立します。ニンニクと生姜は、チューブを使っても大丈夫（むしろ町中華っぽさが増します）。

材料（2人前）

A サラダ油　15g
　豚挽き肉　150g
　おろしニンニク　5g
　おろしショウガ　5g
　一味唐辛子　1g

B 水　100g
　オイスターソース　10g
　顆粒スープ　2g
　濃口醤油　15g
　木綿豆腐（1.5cm角に切る）　300g

C 長ネギ（粗みじん切り）　30g
　黒コショウ　少々

①フライパンでAの材料を計量し、そのまま中火にかけて肉に火が通るまで炒める。
②Bを加えてひと煮立ちさせ、水分が飛ぶまでぐつぐつと約5分ほど炒め煮にする（豆腐は多少崩れても問題ない）。
③Cを加えてさっと炒め合わせる。

展開③

味噌麻婆茄子

味噌がメインの味付けで、こっくりとご飯が進むおいしさです。なすとピーマンだけでなく、冷蔵庫の残り野菜や半端に残った豆腐をミックスしても。

材料（2人前）

A　サラダ油　15g
　合挽き肉　150g
　おろしニンニク　5g
　おろしショウガ　5g
　赤味噌（できれば八丁味噌）　20g
　砂糖　10g
　一味唐辛子　2g
B　ナス（乱切り）　240g
　ピーマン（乱切り）　60g
C　水　100g
　濃口醤油　15g
D　長ネギ（粗みじん切り）　30g
　黒コショウ　少々

①フライパンでAの材料を計量し、そのまま中火にかけて肉に火が通るまで炒める。
②Bを加え、全体に油が回るまでさっと炒め合わせる。
③Cを加え、蓋をしてひと煮立ちさせる。全体をざっと混ぜ、弱火にして煮込む。ナスにだいたい火が通ったら蓋を取り、水分が飛ぶまで炒め煮にする（ナスがくたくたになるまで煮てもそれはそれでおいしい）。
④Dを加えてさっと炒め合わせる。

ナスは特に水にさらしたりする必要なし。変色しても最後は味噌のおいしそうな色に染まるし、多少のアクは味のうち。

学生ステーキ

学生ステーキは、老舗ステーキレストラン「ステーキのあさくま」にかつてあったメニューからその名前を拝借しました。あさくまのそれはいわゆるステーキとは違い、ステーキ肉の端材などを結着してステーキ型に成形したものでした。ビーフステーキのおいしさを学生さんでも手が届く価格でボリュームたっぷりに提供したい、という思いから生まれたと聞きます。

現在あさくまでは法令の関係で「学生ハンバーグ」と名前が変わっていますが、家庭でつくる分には法令は関係ありませんので、趣ある「学生ステーキ」という名称を復活させました。フランスでは同種の料理が「ステーク・アッシェ」と呼ばれていますし。

ここでは安価な挽き肉を使っていますが、肉の味わい自体はステーキ肉と遜色ありません。かたい肉を食べやすく加工するという挽き肉の特性をそのままステーキとして生かしました。ハンバーグとはまったく異なる、肉そのものの旨味をひたすら堪能する挽き肉料理です。何より材料も工程もシンプルで、ハンバーグよりずっと楽ちんです！

基本の学生ステーキ（P.22）

材料（1人前）

牛挽き肉（または合挽き肉）　1パック

塩　肉の重量の1％弱

黒コショウ　塩の重量の20％

仕上げ（サラダ、マスタード、パセリ、粗挽き黒コショウ）　適量

＊肉の量はお好みで。
2人で300g食べるとするなら、塩は3g、ブラックペッパーは0.6gとなります

ポイント　写真の肉は170g。塩1.7g、黒コショウ0.3～0.4gが目安になる。

①挽き肉のパックのラップをきれいにはがし、分量の塩と黒コショウをふる。

ポイント　最初は指を押し付け、次に手のひらで全体を平らにならす。

②ラップを肉の表面に密着させ、上から手で押さえて肉を押し固める。

ポイント
肉から脂が出るので油は引かなくてＯＫ。

③冷たいテフロンフライパンにひっくり返してのせる。

④中火にかけて焼き始める。

⑤焼き目がついて香ばしい香りがしてきたらひっくり返し、裏面も同様に焼く。

⑥串で刺して出てくる肉汁が透明になれば火入れ完了。

ポイント
肉に火が通ったら皿に盛り、仕上げのサラダやマスタードを添える。

展開① 学生ステーキ　アメリカン

学生ステーキにチーズをオン！ フライパンに残るおいしい脂で野菜もさっと焼いてボリュームたっぷりの一皿に。贅沢なハンバーガーとしても楽しめます。

材料（1人前）
（基本の学生ステーキに加えて）
とろけるチーズ　適量
玉ネギ（輪切り）　適量
トマト（輪切り）　適量
シシトウ　適量
ベーコン（スライス）　1〜2枚
丸パン　1個

①「基本の学生ステーキ」を焼き、とろけるチーズをのせる。フライパンに蓋をしてそのまま中火にかけ、チーズがとろけるまで焼く。
②焼き上がった学生ステーキを取り出し、同じフライパンに玉ネギ、トマト、シシトウ、ベーコンを入れて好みの加減に焼く。
③皿に学生ステーキと❷の野菜を盛り、トースターで温めて横半分に切った丸パンを添える。好みでマスタード、ケチャップ、マヨネーズなど（分量外）を添える。

チーズはお好みのもので。
ブルーチーズもおすすめ。

肉汁を野菜に染み込ませるように焼く。

展開② 学生ステーキ　洋食屋風

ご飯と合わせるならコレ！ 焼き汁と脂のおいしさを余さず活用して、あっという間に洋食屋さんのハッシュドビーフ風ソースが仕上がります。時間のかかる玉ネギの加熱は、肉を焼くのと同時進行で電子レンジにお任せすると、手早く仕上げることができます。

材料（1人前）
（基本の学生ステーキに加えて）
玉ネギ（繊維に沿ってスライス）　200g
ワイン（赤でも白でも）*　50g
トマトケチャップ　80g
ウスターソース（中濃ソースでも可）　40g
バター　10g

*ワインがなければ日本酒でも。日本酒もなければ水でも大丈夫です

①「基本の学生ステーキ」を焼いている間に、玉ネギを約5分電子レンジにかけておく。
②焼き上がった学生ステーキを取り出し、同じフライパンで❶の玉ネギを炒める。玉ネギと焼き汁がなじんだら、残りの材料をすべて加えて中火で炒め合わせる。
③全体にとろみがついたらバターを加えて完成。パセリを添え、ライスとともにどうぞ。

玉ネギはレンジでやわらかくしておく。

ソースの仕上がり重量の目安は320g。

展開③ こねる編　プレミアム学生ステーキ　ビーフ

挽き肉を軽くこねるというひと手間は増えますが、弾力が生まれて肉汁も流れ出しにくくなります。挽き肉だけでなく薄切り肉を加えるのは、より肉々しさが増してステーキ感がアップするだけでなく、実はそれによってこねる時間と労力が圧倒的に少なくなるのです。どれくらい簡単にこねられるようになるかは、自分でやってみないと実感が伝わらないと思いますので、ぜひ一度実際にお試しください！
もうこれ、ほぼ完全にステーキです。なので、『銀河鉄道999』で鉄郎とメーテルが食べているベタなステーキみたいに盛りつけてみました。ソースや付け合わせはお好みで。

材料（2人前）
牛挽き肉（または合挽き肉）　200g
牛切り落とし肉（スライス）　200g
塩　3g
黒コショウ　0.5g

①ボウルで材料をすべて混ぜ合わせる。
②適当にステーキっぽく成形して、冷たいフライパンに入れ、中火にかける。
③焼き目がついたらひっくり返し、弱火にしてじっくり中まで火を通す。
④お好みのソース（P.121「ポリネシアンソース」など）や付け合わせ（フライドポテト、ゆでたサヤインゲンやニンジン、P.110「野菜の蒸し煮」など）とともに皿に盛る。肉の上にレモンスライスとバターをのせてもいい。

肉がまんべんなく混ざったときには、すでにほどよく粘りも出て、勝手にこね上がっている。

肉をラップで包むと成形しやすい。

展開④ こねる編　プレミアム学生ステーキ　ポーク

「こねる編」の豚肉バージョンは、ふっくらソフトに仕上がります。豚肉の場合は塩気を強めにし、お好みのハーブを加えるのがおすすめ。ここでは市販のイタリアンミックスハーブを使い、「朝マック」のソーセージ風に仕上げています。

材料（2人前）
豚挽き肉（または合挽き肉）　150g
豚切り落とし肉（スライス）　150g
塩　4g
ドライミックスハーブ*　1g

*「イタリアンミックスハーブ」といった名称で売られているものならどのメーカーのものでも。単品のドライハーブを加えるなら、オレガノをメインに、あればバジル、タイム、ローズマリーを少量加えます

①すべての材料を「こねる編　プレミアム学生ステーキ　ビーフ」と同様に混ぜ、好みの形に成形し（ここでは、4等分してから朝マックのソーセージっぽく円盤状に成形）、同様に焼く。
②お好みの付け合わせとともに皿に盛る（ここでは、スクランブルエッグと、学生ステーキを焼いた後のフライパンで焼いたトマトとともに盛り付け、きざんだパセリと黒コショウを散らし、こんがりトーストしたイングリッシュマフィンとバターを添えた）。

ミニマルポテトサラダ

いざつくるとなると意外と面倒なのがポテトサラダ。なので最小限の材料と最小限の工程で、どシンプルなポテトサラダをつくってみたら大正解！ じゃがいもそのものの味わいを最大限引き出して、飽きずにバクバク食べられるおいしさに仕上がりました。

基本のミニマルポテトサラダは、じゃがいもさえゆでてしまえば、皮むき楽ちん、野菜の塩もみも必要なし。気負わずあっという間にできてしまいます。マヨネーズも入らないので低カロリー、味付けも具材もこのくらいシンプルに仕上げると、主食代わりにバクバク食べられます。

じゃがいもの皮むきも、目から鱗（うろこ）の簡単テクニックをご紹介します。

基本のミニマルポテトサラダ(P.30)

材料

じゃがいも　お好きなだけ

以下、分量はゆでて皮をむいたじゃがいもの重量に対して

玉ネギ（繊維に沿ってスライス）　10%を目安に適量

キュウリ（小口切り）　10%を目安に適量

塩　1%

黒コショウ　ひとつまみ

米酢　4%

サラダ油（またはオリーブ油）　5%

ポイント
なるべく厚みが薄くなる位置で切ると早くゆで上がる。

①じゃがいもは洗い、皮付きのまま半割りにする。

ポイント
金串がスッと入ればゆで上がり。

②切ったじゃがいもを水からゆでる。

③ザルに移し、木べらでざっくり崩す。

④箸でつまんでペロンと皮をむく。

ポイント
皮が多少残っても気にしないで大丈夫。

⑤ボウルに移し、熱いうちに
残りの材料を加える。

⑥木べらでつぶしながら混ぜる。

ポイント
じゃがいもの熱で野菜をほどよくしんなりさせつつ、シャキシャキした食感も残す。

展開①

タラモサラダ

基本のミニマルポテトサラダにタラコとバターを足して絶品おつまみに。タラコをたっぷり足せば、バゲットと合わせるディップにもなります。

材料
(基本のミニマルポテトサラダに加えて)
タラコ　ゆでたじゃがいもの20%〜好きなだけ
バター　同5%〜好きなだけ

①「基本のミニマルポテトサラダ」に材料を混ぜる。

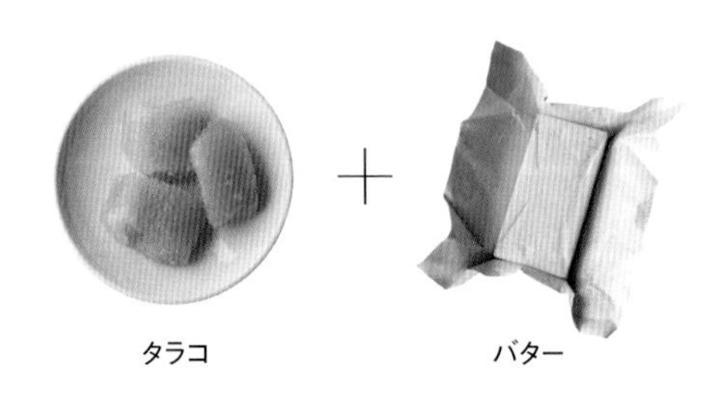

タラコ　＋　バター

展開②

フレンチデリ風ミニマルポテトサラダ

ディルとマスタードを加えて、フレンチデリやビストロで出てきそうなちょっと小粋な味わいに。ワインのお供にも最高です。ディルは買ったら冷凍しておいて、凍ったままハサミでチョキチョキ切って使うのがおすすめ。ほしいときにすぐ使えて、無駄なく使いきれます。

材料
(基本のミニマルポテトサラダに加えて)
マヨネーズ　ゆでたじゃがいもの10%
フレンチマスタード　同3%
ディル(好みの長さにハサミで切る)　適量

①「基本のミニマルポテトサラダ」に材料を混ぜる。

ディル　＋　マヨネーズ&フレンチマスタード

展開③

王道ポテトサラダ

具材やマヨネーズを足して、より「いかにも」なポテトサラダに仕上げ、ご家族からのクレームを未然に防ぎます……というのは冗談ですが、たまにはこういうベタなのもいいですよね！ 意外と面倒な「ゆで卵」も、1～2個分くらいなら電子レンジで楽々です。

材料
（基本のミニマルポテトサラダに加えて）
マヨネーズ　ゆでたじゃがいもの20%
ハムまたはソーセージ　同10%を目安にお好きなだけ
電子レンジゆで卵（右記参照）　お好きなだけ

①「基本のミニマルポテトサラダ」に材料を混ぜる。

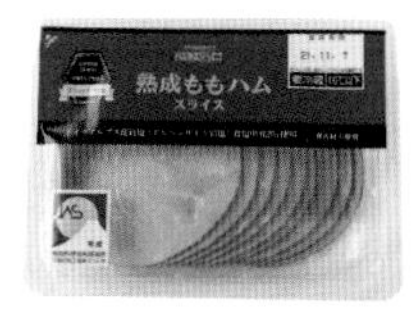

ハムまたはソーセージ

＋

電子レンジゆで卵

◎電子レンジゆで卵

ジップロックコンテナに卵を割り、卵黄を軽くほぐして蓋をして1分レンチンしてつくる（小皿に卵を入れてラップしてチンでもOK）。

番外　背徳のマッシュポテト

ポテトサラダではありませんが、せっかくじゃがいもの簡単皮むき術をご紹介したのでこれもついでに。カロリーのことをいったん忘れる必要がありますが、少量でも大大大満足なのでむしろこれはダイエットです（？）。パンにのせたり、肉料理の付け合わせにしたり、フランス人になった気分でお楽しみください！

材料
じゃがいも　お好きなだけ
バター　ゆでたじゃがいもの重量に対して25〜50%
（罪悪感に応じて）
塩　お好みで

①「基本のミニマルポテトサラダ」と同様にじゃがいもをゆでて皮をむく。
②なるべく熱いうちにバターを加え、なるべくなめらかになるよう木ベラなどでしっかり混ぜる。味が薄ければ塩を足す。

じゃがいもは億劫?

じゃがいもはとてもおいしい野菜です。さまざまな料理に使え、安価でいつでも手に入る優秀な食材。しかし、家庭で料理に使うとなると、少々億劫な一面もあります。
ポテトサラダはみんなが大好きな料理で、つくり方自体はそう難しいものではありません。しかし実際につくるとなると、ゆでて皮をむいてつぶして具の下ごしらえをして……と、かなり面倒です。だから最近では多くの人にとって、ポテトサラダはつくらず買ってくるものになっています。
しかし、「つくるポテサラ」と「売ってるポテサラ」の味は、まったく違います。これは、どっちがおいしい、どっちが上等、という話ではありません。ただ違うのです。売ってるポテサラは、過去のある時代に、つくるポテサラとは違う方向に分岐して進化した料理と言えるのではないでしょうか。

コロッケもそうです。いや、コロッケはポテサラよりさらに面倒くさい。だからコロッケもまた買ってくるのが当たり前になっていますが、売ってるコロッケとつくるコロッケの味の違いは、ポテサラ以上に明瞭です。
売ってるポテサラもコロッケも（それはそれでおいしいので）気軽にいつでも買えるのはとてもありがたいことです。しかしそのありがたさゆえに、家庭料理としてのその味がこのまま忘れ去られていくのは、あまりにももったいないと思うのです。
そんなジレンマを少しでも解消しようと考えたのが「ミニマルポテトサラダ」です。コロッケも、とりあえずタネをつくって耐熱皿に敷き詰めパン粉をふってオーブンかトースターで焼くという方法があります。今回はレシピは収録しきれませんでしたが、もしつくるときはぜひナツメグを加えてください。洋食屋さん風のハイカラな味わいになります。

じゃがいも料理が億劫な最大の理由は、皮のむきにくさにあると思います。メークインはまだツルッとしていてむきやすく、また煮崩れしにくいのもあって煮込み料理には最適ですが、残念ながらポテサラやコロッケなどホクホク感が大事な料理には向きません。そこでそういう料理には男爵いもということになるのですが、これが難物です。丸っこくゴツゴツしてそもそもむきにくい上に、芽が深く、それを抉るようにむかなくてはなりません。
ある時、じゃがいもの育種研究者の方に、こんな質問をしたことがあります。
「欧米では、表面がツルッとして大きくむきやすい品種がどれだけでもあるのに、日本ではどうしてあんなにむきにくい男爵が主流なんですか？」
回答はこういうものでした。
「日本人は男爵という品種名に圧倒的な信頼感を持っているんです。実はもっとむきやすい品種はいくらでもあり、味も栽培しやすさもまったく問題ないんですが、それはなかなか売れないんですよねえ」
何ということでしょう。我々は男爵いもを愛しすぎるあまり、自らの首を絞めていたということになります。今後、ツルッとしたホクホク系のじゃがいもが売られていたら、皆で積極的に購入していこうではありませんか！ ……でもそもそもなかなか売ってないんですよねえ。

トマト卵炒め

中国家常菜の代表的な料理のひとつである「トマト卵炒め（西紅柿 炒 鶏蛋）」。日本でもだいぶポピュラーになってきました。

「おかずがもう一品欲しい」という時に身近な材料で手早くつくれるこの料理を、徹底的にシンプルに、つまり素材の味わいを最高に楽しめるレシピとしてまとめましたのがこのレシピ。シンプルな分、ちょっとしたコツでぐんとおいしく仕上がります。

仕上がりが水っぽくなってしまうことを避けるために、「基本のトマト卵炒め」では先にトマトに塩を当てて脱水します。そしてその染み出した汁がこのレシピにおける唯一の調味料！ トマト汁に豊富に含まれるグルタミン酸が、いわばだしの役割を果たすのです。

コツは卵を先に炒めていったん取り出すこと。多めの油で一気に火を通すことで、水分も分離せずふんわりと仕上がります。

基本のトマト卵炒め（P.38）

材料（2人前）

トマト（くし形に切って横二等分）
　200g（小2個～大1個）

塩　3g

卵　3個

ネギ（みじん切り）　10g

サラダ油　30g

①トマトに分量の塩をふり、約10分おく。

ポイント　塩で脱水することでトマトが水っぽくなるのを防ぐ。

②別のボウルに卵を割りほぐし、ネギを加える。

③❶のトマトから染み出た汁を加え混ぜる。

ポイント　汁は全量を入れてOK。

ポイント　ゴムベラで混ぜながら強火で加熱し、半熟にする。

④フライパンにサラダ油を熱々に熱し、❸の卵液を一気に加えて炒める。

⑤盛り付け用の皿にいったん取り出しておく。

ポイント　油がなじんでいるのでフライパンは洗わずに使う。

⑥卵を炒めたフライパンにトマトを加えて軽く炒める。

⑦❺の卵を戻してさっと炒め合わせる。

展開① もっと簡単なトマト卵炒め

材料をすべて混ぜ合わせ、少なめの油でいっぺんに炒めます。水っぽくなりやすいので、片栗粉を加えて離水を防ぐのがコツ。油を減らした分のコクをオイスターソースで補うので、お子様にも食べやすい、わかりやすいおいしさが感じられます。

材料（2人前）
トマト（くし形に切って横二等分） 200g
塩 3g
卵 3個
オイスターソース 5g
ネギ（みじん切り） 10g
片栗粉 2g
サラダ油 15g

①トマトに分量の塩をふり、約10分おく。
②ボウルに卵を割りほぐし、オイスターソースとネギを加えて混ぜる。
③先に❶のトマトの果肉だけを❷に加え、次にトマトから出た汁で溶いた片栗粉を加える。
④サラダ油を熱々に熱したフライパンで❸を一気に炒める。

片栗粉は先にトマトの汁に溶いておくとダマになりにくい。

多めの油で強火で一気に炒める。

展開② 中華街のトマト卵炒め

中華料理店で出てくるような、ちょっと華やかな味わいのトマト卵炒めです。ケチャップとオイスターソース入りの即席トマトソースに、ふわふわの卵を合わせる感覚で仕上げます。

材料（2人前）
トマト（くし形に切って横二等分） 200g
塩 3g
砂糖 3g
卵 3個
サラダ油 30g
A ネギ（みじん切り） 10g
 トマトケチャップ 15g
 オイスターソース 5g

①トマトに分量の塩と砂糖をふり、約5分おく。
②ボウルに卵を割りほぐし、トマトから出た汁を加えてよく混ぜる。
③フライパンにサラダ油を入れてしっかりと熱々に熱し、❷の卵液を一気に入れて強火で炒め、盛り付け用の皿にいったん取り出しておく。
④❷のフライパンにサラダ油少量（分量外）を足し、❶のトマトとAを入れて炒める。トマトの角がとれたら、❸の卵を戻し入れてさっと炒め合わせる。

シチューとしか呼びようのないシチュー

日本ではシチューと言うとクリームシチューやビーフシチューを思い浮かべる方も多いかとは思いますが、本来は、肉や野菜を具沢山にゆっくり煮込んだものはすべてシチューです。

そういう意味でこの「ザ・シチュー」のレシピは、「シチューとしか呼びようのないシチュー」であると言えます。とろりと煮えた具材と滋味深いスープが放っておくだけで完成する、まさにシチューの原点です。『おそうざいふう外国料理』（暮しの手帖社）掲載の「アイリッシュシチュー」を定量化し、どなたにでも失敗なくつくれるよう再構築しました。

おいしさのコツは、ちょっと多めにつくることです。そこで、多めにつくって残ったシチューをカレーに改造するためのベストなレシピと、グラタンへのリメイク方法も合わせてご提案します。

ザ・シチュー（P.44）

材料
じゃがいも　200g
玉ネギ　200g
豚バラまたは肩ロース（ブロック肉）　200g
塩　6g
水　600g
ベイリーフ　2枚

ポイント
野菜と肉のサイズは4〜5㎝角が目安。

①じゃがいもと玉ネギは皮をむき、大きめに切る。肉も同じ大きさに切り、計量する。

②その他の材料も鍋に入れる。

③火にかけてひと煮立ちさせ、
アクをすくう。

ポイント　肉が完全にやわらかくなるまでしっかり煮る。

④蓋をしてトロ火にし、60〜
90分煮る。

ポイント　肉がやわらかくなる前に水が半量以下になりそうなら途中で少しずつ水を足し、
仕上がりが900gに着地することを目指す。

⑤水が半量くらいになり、鍋の中身が
900gくらいになれば理想的な仕上がり。

展開① シチュー改造カレー

「ザ・シチュー」自体は、塩のみの極めてシンプルな味付けですので、多めにつくって余ったときのリメイクも自由自在。ここでは簡単につくれる「トマトマサラ」を加えて、じっくり煮込んだシチューの味わいをそのまま生かしたカレーに仕上げます。

材料（2人前）
ザ・シチューの残り　400g
トマトマサラ
　サラダ油　10g
　おろしニンニク*　4g
　おろしショウガ*　4g
　トマト（角切り）　50g
　塩　1g
　カレー粉　6g

*ニンニクとショウガはチューブでもOKです

①トマトマサラをつくる。サラダ油を熱したフライパンでおろしニンニクとおろしショウガを炒める。香ばしい香りが立ったらトマトと塩を加え、トマトを煮崩すように炒める。だいたいペースト状になったらカレー粉を加え、香りが立つまで炒める。
②トマトマサラをザ・シチューの残りに加え、混ぜながら温める。じゃがいもはおそらく煮崩れるが、少し崩れて全体にとろみがつくくらいがむしろおいしい。

トマトマサラにカレー粉を加えたところ。これさえあれば、肉じゃがや豚汁などいつもの煮物も、あっという間に和風カレーに早変わり。もつ鍋（P.50）やうどんすき（P.54）の「味変」にも最適。

展開② シチュー改造グラチネ

多めにつくったシチューの残りは、ビストロ風のグラタンにリメイクすることもできます。シチューの汁気が多すぎる場合は、最初に温めるときに余分な水気を飛ばすか、じゃがいもをつぶす前にいったん汁を取り分け、つぶした後でかたさを見ながら足して調整します。

材料
ザ・シチューの残り　適量
とろけるチーズ　適量
パン粉　適量
バター　適量

①鍋にザ・シチューの残りを入れて火にかけ、温めながら木ベラなどでじゃがいもをつぶしてなめらかにする。
②❶を耐熱皿に広げ、とろけるチーズ、パン粉、バターを順にのせる。250℃のオーブン（もしくはトースター）で表面がこんがりするまで焼く。

このくらいのなめらかさになったら耐熱皿へ。

必要充分鍋

市販の鍋つゆを使わずとも、自分で簡単に鍋料理を楽しめたら……そんな願いを叶える「必要充分鍋」を紹介します。

「豚バラもつ鍋」のベースとして使った「必要充分鍋スープ」の材料は水、薄口醤油、味の素、ニンニク、タカノツメのみ。「これだけでスープになるの？」と思われるかもしれませんが、ちゃんとなります！

決め手は、あっさりしているようで実は旨味豊かな薄口醤油（ヒガシマル）と、ほんのわずかな味の素。味の素は入れすぎても素材のおいしさを覆い隠してしまうので、慎重に使用量を守ってください。

そこにニンニクとタカノツメの強力コンビが加われば、お肉系メインの鍋にはぴったりのスープになるのです。最初はちょっと素っ気なくしょっぱめに感じられるスープも、お肉の脂が全体に回るとあっという間に味が決まり、最後、具がなくなる頃には濃厚かつスッキリの極上スープに。そんな「成長を楽しむスープ」でもあります。締めは中華麺、うどん、素麺など、お好みの麺で。

必要充分鍋スープでつくる豚バラもつ鍋 (P.50)

材料

必要充分鍋スープ

　水　1000g

　味の素　1g

　薄口醤油（ヒガシマル）　80g

　ニンニク（スライス）　10g

　タカノツメ　1～2本

具材

　豚バラ（スライス）　100g

　キャベツ（食べやすい大きさに切る）　100g～お好みの量

　もやし　1袋～お好みの量

　ニラ（食べやすい長さに切る）　1/2束～お好みの量

　牛モツ　100g

　お好みの麺（中華麺、うどん、素麺など）　適量

*お好みでポン酢や柚子胡椒（または紅葉おろし）を添えてどうぞ

ポイント 旨味が強くなりすぎないよう、味の素は正確に計る。

①鍋で水と味の素を計量する。

②必要充分鍋スープの
その他の材料を加える。

ポイント 辛さを抑えたい場合はタカノツメの種を抜く。

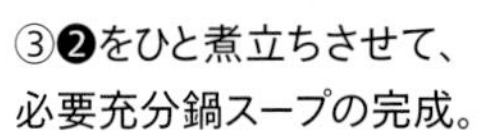

③❷をひと煮立ちさせて、
必要充分鍋スープの完成。

④別の鍋に具材を盛り付け、
沸かした❸を注いで卓上で煮る。

ポイント 牛モツは煮すぎないよう、途中で加えながらいただく。

うどんすき

うどんを「締め」としてではなく最初から主役として楽しむお鍋です。おいしいおだしとうどんさえあれば、あとはありあわせのものでOK！という気軽な一品です。うどんは乾麺や冷凍などお好みのもので結構ですが、実は袋入りの「ゆでうどん」もおすすめです。ちょっと贅沢したいなら、上等な牛肉を少しだけ。そして落とし卵もそれに負けないおいしさ。市販のだしパックさえあれば完璧なおだしが引けるので、そのおいしさをあまり濁さないような具材で最後まで楽しみのがコツです。うどんがなくなったら雑炊で締めるのもアリです。

材料
鍋スープ
　だし　1000g（だしパックの表記通りにつくる）
　薄口醤油　60g
　みりん　30g
　酒　30g
具材
　うどん　2玉
　牛肉　50g
　木綿豆腐　1/2丁
　京揚げ*　1枚
　長ネギ　1本
　小松菜　1/2束
　卵　2個

*薄揚げよりも厚みがあり、やや大きい油揚げを使います

①鍋スープの材料を合わせてひと煮立ちさせる。
②卓上でうどんとお好みの具材を加えて、煮ながらいただく。好みでポン酢（P.123「自家製ポン酢」をぜひ）や七味唐辛子などを添えるといい。

東海林さだお式チャーシュー

食エッセイの泰斗（たいと）、東海林さだお氏による名作レシピに「東海林式チャーシュー」というものがあります。これは「ゆでた豚肉を醤油に漬け込むだけ」というミニマルレシピの極地のようなレシピなのですが、びっくりするほどおいしいのです。

ここではそのレシピを発展させ、「大量の醤油が必要」、「醤油から豚肉を引き上げるタイミングが難しい」というハードルを下げ、なおかつゆで汁と漬けた醤油をそのまま無駄なくラーメンに展開するレシピを考案しました。

東海林さだお式チャーシュー〈改〉（P.56）

材料

豚バラまたは肩ロース（ブロック肉）　約300g

水　約1000g（肉がすっかり浸る量）

ニンニク　1片

ショウガ（スライス）　2枚

ネギの青い部分　適量

濃口醤油　ゆで上がった豚肉の重量の20%

①鍋にすべての材料を入れ、火にかける。

②沸いたらアクをとり、肉に串がスッと入るまで30分〜1時間ゆでる。

ポイント　肉が常にお湯に浸った状態を保つ。必要ならば途中で水を加える。

ポイント ゆで汁は取りおき、チャーシュー麺のスープとして活用する。

③ゆで上がり。熱いうちに肉を取り出して重さを計る。

④❸の肉を、重量の20%の濃口醤油とともにジップロックかビニール袋に入れる。

ポイント ボウルに水を張り、袋を沈めながら作業すると空気を抜きやすい。

⑤❹の袋の空気を抜き、密封する。冷蔵庫に入れる。

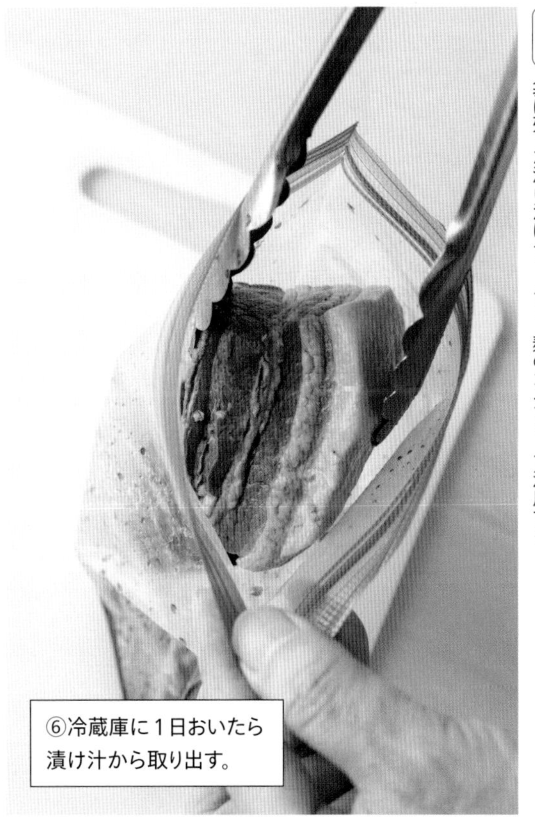
⑥冷蔵庫に1日おいたら漬け汁から取り出す。

ポイント 袋に残った漬け汁はチャーシュー麺のカエシとして活用する。

展開① チャーシュー麺

チャーシューのゆで汁と漬け汁を使ったシンプルな醤油ラーメンです。ここに味の素を少し足すと「いかにもお店っぽいラーメン」風になりますが、そのあたりはお好みで。

材料（1人前）
中華麺　1玉
チャーシューの漬け汁（P.59）　10g
濃口醤油　20g
チャーシューのゆで汁（P.59）　300g
東海林さだお式チャーシュー〈改〉　お好きなだけ！
薬味　お好みで（生玉ネギの粗みじん切りがおすすめ）

①中華麺をゆでる。その間に丼にチャーシューの漬け汁と濃口醤油を入れ、温めたチャーシューのゆで汁を注いでおく。
②ゆで上がった麺を丼に入れ、スライスしたチャーシューと薬味をのせる。

チャーシューの漬け汁（左）とゆで汁は冷蔵庫で保管しておく。

展開② どぶ漬け冷やし中華

いろんな具材を揃えて千切りにする冷やし中華は、実は案外面倒です。この冷やし中華は、冷蔵庫にある野菜を適当に切ってタレに漬け込むだけの簡単レシピ。タレは醤油と酢だけのシンプルなものですが、ここに野菜のジュ（汁）が染み出すことで、実に滋味深い味わいになるのです。チャーシューももちろんよく合いますが、あえて野菜のみというストイックな味わいも、ヘルシーなサラダ感覚でオツなものです。

材料（1人前）

A　お好みの野菜と薬味＊　計200gくらい
　濃口醤油　30g
　米酢（または黒酢）　30g
　ゴマ油（またはオリーブ油）　10g

中華麺（または細めのスパゲッティ）　1人分
東海林さだお式チャーシュー〈改〉　お好みの量
マヨネーズ、辛子　お好みの量

＊トマトとキュウリの乱切り、玉ネギスライスを中心に、野菜と薬味を合計200gくらい用意します。他におすすめは大根、セロリ、キャベツなど。つまり浅漬けにしておいしい野菜なら何でも。薬味はネギ、大葉、ミョウガ、パクチーなどが合います

①Aを合わせて、野菜がややしんなりするまで最低10分、できれば30分冷蔵庫におく。
②麺をややややわらかめにゆで、流水にさらして締めてから水気をしっかり切る。
③皿に麺を盛り、❶の野菜を汁ごとぶっかける。細切りにしたチャーシューを添え、マヨネーズや辛子をあしらう。

どぶ漬けは1～2日おいても、味がよりなじんでおいしい。

必要充分タンメン

鶏きのこそば

辛味挽肉麺

限界ラーメン

ミニマルラーメン

インスタントラーメンは手軽でおいしい食べ物ですが、食事として食べるなら、できればしっかり具も入れたいもの。そして具をしっかり入れる前提なら、実はインスタントラーメンのスープに頼らずとも、しっかりおいしいラーメンはつくれます。具材となる肉や野菜から自然と旨味が溶け出し、ただの水がスープに早変わり、というロジックです。

ここでご紹介するラーメンはいずれも、お湯を沸かしてインスタントラーメンをつくるのとそう変わらない時間であっという間につくれるものばかりです。おいしくつくるコツは具材や調味料のバランスですが、最後にはなんと具材すら一切入らない「限界ラーメン」もご紹介。中華麺さえストックしておけば、いつでもある材料だけですぐつくれる、そんなラーメンライフもなかなか良いものです。

必要充分タンメン

「必要充分鍋スープ」を使ってつくる、野菜たっぷりのちょい辛タンメン。モチーフは稲田の実家（鹿児島）のちゃんぽんです。

材料（1人前）
豚肉（コマ切れ）　50g
お好みの野菜＊　合わせて100～150g
必要充分鍋スープ（P.52）　300g
中華麺　1玉

＊ここではもやし、キャベツ、ネギ、ピーマン、にんじん、小松菜を使いました

①豚肉と野菜をサラダ油少々（分量外）でさっと炒める。
②❶に必要充分鍋スープを加えて沸かす。
③沸かしている間に中華麺をゆでる。湯切りして、❷とともに丼に盛る。

炒めた野菜と豚肉からスープに、香ばしさとじんわりした旨味が染み出る。

鶏きのこそば

鶏肉というのはとても優秀な食材で、さっと煮るだけで旨味がスープにしっかり染み出します。キノコもまた旨味を潤沢に放出する食材。つまりこれは、「鶏とキノコの合わせだしを使った無化調ラーメン」ということになるのです。高級中華のコースの締めで出てくるような、上品なおいしさをどうぞ。

材料（1人前）
A　鶏モモ肉（1cm幅に切る）　100g
　お好みのキノコ　50g
　ショウガ（スライス）　1枚
　水　300g
　薄口醤油（ヒガシマル）　20g
中華麺（またはそうめん）　1人分
ネギ（斜め薄切り）　適量
ミツバ　適量

①鍋にAの材料を入れてひと煮立ちさせ、中火にして約10分煮込む。
②その間に麺をゆでておく。
③❶にネギを加えてすぐ火を止め、湯切りした麺とともに丼に盛る。ミツバを散らす。

辛味挽肉麺

名古屋のご当地ラーメン「台湾ラーメン」をスピードレシピにアレンジ。ひと口目からガツンとインパクトのある味わいなのに後味すっきり上品なのは、スープの基本的な構成自体は、水に豚肉のだしを抽出した醤油ベースの「清湯（チンタン）」そのものだからです。

材料（1人前）
A　サラダ油　10g
　豚挽き肉　100g
　ニンニク（粗みじん切り）　10g
　豆瓣醤　10g
水　300g
濃口醤油　20g
中華麺　1人前
細ネギ（きざむ）　適量
白ゴマ　適量

①深めのフライパンでAを計量して火にかけ、肉がこんがりと香ばしくなるまで炒める。
②水と濃口醤油を加えて、ひと煮立ちさせる。
③中華麺をゆでて湯切りし、❷とともに丼に盛る。たっぷりの細ネギと白ゴマをのせる（細ネギの代わりにニラでも）。

番外 限界ラーメン

「ラーメンはどこからラーメンになるのか」という理科実験感覚でお楽しみください。とりあえず最低限この材料だけでもインスタントラーメン超えの上品なおいしさが楽しめるのに驚かれることでしょう！ さらにここに、回鍋肉、麻婆豆腐（P.16）、トマト卵炒め（P.38）、肉野菜炒めなどお好みの中華系おかずをドーンとトッピングするだけで、大満足のご馳走麺料理に早変わりです。その場合は醤油を半量～ 2/3量程度に減らしてください。

材料（1人前）
A 水 300g
濃口醤油 30g
味の素 ひとつまみ（約0.3g）
中華麺 1玉
ゴマ油 2g
ネギ（小口切り） 5g

①Aの材料を鍋に入れて沸かしてスープをつくる。同時に中華麺をゆでる。
②丼にスープと湯切りした麺を入れ、ゴマ油とネギを加える。

ミニマル焼売

味付けは塩と醤油のみ。砂糖、オイスターソース等は使わず豚肉の旨味を徹底的に活かした焼売です。

肉ダネは豚ミンチと豚バラのダブル使いでジューシー感と肉々しさを両立。練りすぎない方がほわほわソフトに仕上がりますが、しっかり練ると弾力感が増します。そのあたりはお好みで。あえて玉ネギがかなり多い配合なので、甘味、ふんわり感とシャクシャク食感を楽しめます。

「基本のミニマル焼売」の包み方は「握るだけ」なのでとても簡単！ さらに、焼売で起こりがちな「タネが余ったとき」、「皮が余ったとき」の対処法も紹介します。

基本のミニマル焼売（P.68）

材料（約14個分）

肉ダネ

A　豚挽き肉　150g

　豚バラ（スライスを1cm角に切る）　100g

　おろしショウガ　10g

　塩　3g

　濃口醤油　10g

　酒　20g

玉ネギ（粗みじん切り）　120g

片栗粉　15g

焼売の皮　14枚

タレ（黒酢、辛子醤油、酢醤油などをお好みで）　適量

①肉ダネの材料Aをすべて混ぜ合わせる。

ポイント　豚バラはできるだけ脂の多いところを使う。

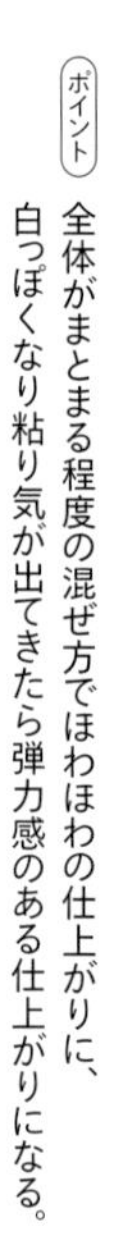

ポイント　全体がまとまる程度の混ぜ方でほわほわの仕上がりに、白っぽくなり粘り気が出てきたら弾力感のある仕上がりになる。

②玉ネギに片栗粉をまぶし、❶と混ぜ合わせる。

③手のひらに焼売の皮を置き、❷の肉ダネを30gずつのせる。

④そのまま握るように包む。

⑤包み終えた状態。上面をスプーンの裏を使って平らにならす。

⑥10〜15分蒸す（蒸し方はP.75を参照）。

⑦蒸し上がり。皿に盛り、好みのタレを添える。

展開①

帳尻合わせワンタン

焼売を包むとまず間違いなく皮が余ります。皮は冷凍保存も可能ですが、中途半端に余ったり使い切ってしまいたいときには、肉ダネと皮の残量を見極めて終盤ワンタンに方針転換するのも手です。最後、ちょうどぴったりで着地したときの達成感には得も言われぬものがあります。

材料
肉ダネ（P.70）　適量
焼売の皮　適量
タレ（数字は割合）
　酢　10
　醤油　10
　ゴマ油　1

①肉ダネを焼売の皮でワンタン型に包む（右写真）。
②沸騰したお湯で1〜2分ゆでる。
③タレの材料を合わせる。
④ワンタンを皿に盛って、タレをかける。お好みで白髪ネギをトッピングしても。

◎ワンタンの包み方

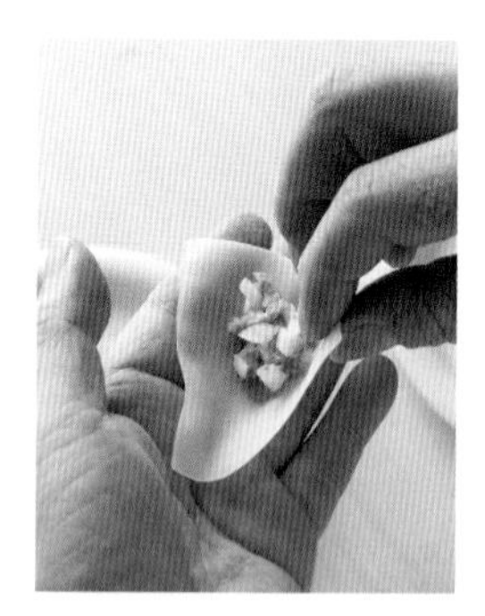

焼売の皮にタネ5〜10gを置き

頂点をずらした三角形に包む

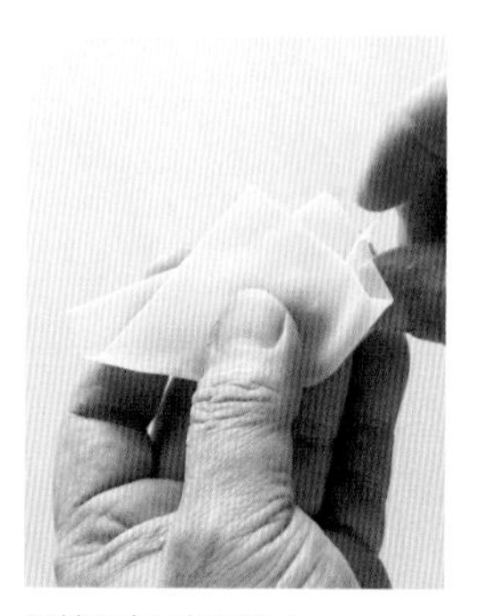

両端を中に折り込み

ワンタン型にする

展開②
概念ワンタンスープ

皮は余りそうだけどワンタンを包むのがちょっと面倒くさい……。そんなときはもう包むことは諦めて、肉ダネと皮をそれぞれ単独でスープに入れてしまいましょう。ワンタンスープって食べるときはどうせ結局ばらばらになりがちじゃないですか！ スープはP.67「限界ラーメン」のスープを少し薄めたものがおすすめです。

材料
限界ラーメンのスープ（P.67） 適量
肉ダネ（P.70） 適量
焼売の皮 適量

①限界ラーメンのスープを沸かし、肉ダネを小さいスプーンで少しずつすくって入れる（少量でもOK。ばらばらになっても気にせずに）。
②半分に切って三角形にした焼売の皮を加え、軽く火を通す。お好みできざみネギをのせる。

展開③
皮なし焼売

こちらは逆に、肉ダネは余っているけれど焼売の皮がない、というときのレシピです。小麦粉を水で溶いて少しかための天ぷら衣くらいにしたものに肉ダネをくぐらせて、蒸します。ある意味包むより楽ですので、焼売を少しだけつくりたい時にもピッタリ。衣のモチッと感が、皮とはまた一味違うおいしさです。

材料
肉ダネ（P.70） 適量
小麦粉 適量
水 小麦粉の1.3倍量

①肉ダネを30gほどの団子状に丸める。
②小麦粉を水で溶き（かための天ぷら衣程度が目安）、❶にまとわせる。
③10〜15分蒸す。

衣をまとわせたら、だれないようすぐに蒸す。

展開④

香辛焼売とゴルベラコアチャール

ネパール餃子とも言われる「モモ」の配合を応用したスパイシーな焼売と、香辛焼売にぴったりのネパール風トマトダレの組み合わせです。このタレはトマトさえ用意すれば、後は香辛焼売に使う材料の余りだけで5分もあればつくれます。もしフェヌグリークパウダーと花椒があれば各1g程度加えると、より本場の味わいになります。

香辛焼売

材料
(基本のミニマル焼売の材料に加えて)
ニンニク(細かいみじん切り)　10g
クミンパウダー　2g
カイエンペッパーまたは一味唐辛子　2g
ガラムマサラ　1g
パクチー(みじん切り)　5g

①「基本のミニマル焼売」の肉ダネに上記材料を加える。
それ以外は同様につくる。

ゴルベラコアチャール

材料
サラダ油　20g
おろしニンニク(または細かいみじん切り)　4g
おろしショウガ　4g
トマト(小さめの角切り)　160g
塩　4g
クミンパウダー　2g
カイエンペッパーまたは一味唐辛子　2g

①材料をすべてフライパンに合わせ、火にかける。
②トマトが崩れてペースト状になり、全体がとろりとするまで少し煮詰める。

蒸し物は気軽にトライ

蒸し物に抵抗のある方は少なくないと思います。蒸し物をするには本格的な蒸し器が必要と思い込んでいる人も多いでしょうが、今どき蒸し器のある家庭なんて滅多にありません。
そしてもちろん、蒸し物には蒸し器が必須というわけではありません。一番お手軽なのは、実は電子レンジ用の蒸し器です。蒸し料理というのは要するに水蒸気の熱で食材を満遍なく加熱する調理法なので、電子レンジはなかなか理にかなっています。
ただし、電子レンジ蒸し器は、一度にたくさんのものを蒸せないという欠点があります。その場合は鍋に登場してもらいましょう。口径が広く、ちょうどいい蓋がある鍋が理想です。深めのフライパンも良いです。底に張った水が食材に直接触れないよう、僕はいつも穴空きの落とし蓋と金属の小皿を組み合わせて使っていますが、別にこれはアルミホイルをクシャクシャと敷き詰めた上にお皿を置くだけでもいいのです。

蒸し器はあらかじめしっかり蒸気を立たせておく。

加熱中は、常に蒸気が上がっている程度の火力を保つ。

穴空きの落とし蓋が便利。

ガラス製の蓋は蒸し加減を確認しやすい。

しっとりサラダチキンと鶏スープ

コンビニですっかりおなじみとなったサラダチキン。実は簡単につくれます。自分でつくれば、もれなく鶏スープもついてきてお得。ここでは、しっとりとやわらかな仕上がりを追求した「基本のしっとりサラダチキンと鶏スープ」と、切ってみたら中まで火が入っていなかったという失敗が発生しにくい「まあまあしっとりサラダチキンとさらにおいしい鶏スープ」をご紹介します。

前者は、お湯を沸かして鶏肉を投入、あとは放っておくだけで、しっとりやわらかいサラダチキンと絶品鶏スープが同時に完成します。今回は鶏ムネ肉を使用していますが、モモ肉でも同じようにつくれます。

後者は、水の状態から鶏肉を鍋に入れることで、沸騰するまでのあいだにじんわり火が通り、確実に仕上げることができます。エキスの流出が先の方法よりやや多くなりますが、その分スープがよりおいしくなるので幸せの総量は変わらないと前向きに捉えましょう。こちらもムネ肉・モモ肉どちらでもつくれますが、やわらかさ重視ならモモ肉です。

基本のしっとりサラダチキンと鶏スープ（P.76）

材料

鶏ムネ肉（または鶏モモ肉）　お好きなだけ

水　鶏肉の重量の200%*

塩　水の重量の1%

ネギ・ショウガ　少々

*鶏肉が1枚250gなら水は500gになります

［注意！］
以下の条件を満たさない場合、鶏肉が加熱不足になるおそれがあります。

・肉がすっぽり入る（肉がお湯に完全に浸かる）ちょうどいいサイズの鍋であること
・鍋と蓋の材質が厚手で冷めにくいこと
・IHではなく鉄の五徳が付いたガスコンロだとより確実

条件を満たさない調理環境の場合は以下のように対処してください。

・P.79工程②の加熱時間を増やす（③の時間を伸ばしても無意味です）
・P.79工程③をIHコンロの保温モード（もしくは200w程度）で行う
・それでももし切ってみて中が生っぽかったら電子レンジで再加熱する

より確実で、おいしさをさほど損なわない方法はP.80へ。

①鶏肉以外の材料を鍋に入れて沸かす。

②鶏肉を入れて30秒～1分加熱する。
軽く再沸騰したら蓋をして火を止める。

ポイント
鍋はコンロに置いたまま。五徳の余熱も利用して火を入れる。

③そのまま30分放置する。

ポイント
ゆで汁はひと煮立ちさせてアクをすくい、鶏スープとして添える。

④ゆで上がり。鶏肉を取り出し、
大ぶりに切って盛り付ける。

まあまあしっとりサラダチキンとさらにおいしい鶏スープ

材料*

鶏ムネ肉（または鶏モモ肉）　お好きなだけ

水　鶏肉の重量の200％

塩　水の重量の1％

ネギ・ショウガ　少々

*材料・分量ともに「基本のしっとりサラダチキンと鶏スープ」と同じです

①すべての材料を鍋に入れる。

②蓋をして火にかける。

ポイント 水からゆでることで鶏にじんわり、じっくりと火が通る。

③沸騰したらすぐに火を止める。
蓋をしたまま30分放置する。

ポイント 鍋はコンロに置いたまま。五徳の余熱も利用して火を入れる。

④完成。鶏を切り分けて盛り付ける。

ポイント 旨味が染み出たゆで汁は、アクをすくって「さらにおいしい鶏スープ」として提供する。

展開①

しっとり冷製チキンのにんにく黒酢ダレ

台湾の料理店で働いていた時、まかないの定番でした。少し大きめの鍋でムネ肉とモモ肉を同時に調理して盛り合わせると食べる時により楽しいです。タレはお好みで一味唐辛子とパクチーも加えてください。

材料
しっとりサラダチキンいずれか　1枚分
にんにく黒酢ダレ
　濃口醤油　30g
　黒酢　30g
　ニンニク　1かけ

①にんにく黒酢ダレの材料の濃口醤油と黒酢を合わせ、手早くきざんだニンニクをすぐに加える（ニンニクが空気に触れる時間をなるべく短くする事で酸化による臭気を抑える）。
②「しっとりサラダチキン」を食べやすい幅に切り、❶をかける。

展開②

チョップドサラダ

ダイエットにも最適なスプーンで食べるヘルシーサラダ。ドレッシングはあえてシンプルにして、フルーツグラノーラで食感と甘酸っぱさのアクセントを加えます。野菜はあるものをなんでも。お好みでチーズ、ナッツ、ハーブなどを加えるとどんどんお洒落にご馳走化していきます（写真はヨーグルトをトッピングしました）。

材料
ドレッシング
　米酢　5g
　塩　1g
　オリーブ油　15g
しっとりサラダチキンいずれか（角切り）　100g
キュウリ（角切り）　80g
トマト（角切り）　80g
フルーツグラノーラ　適量

①ドレッシングの材料をボウルで合わせる。
②その他のすべての材料を❶に加えて和えて皿に盛り、お好みのトッピングをのせる。

展開③ カオマンガイ

そもそもこのサラダチキンの「沸騰したお湯の余熱で鶏肉を調理する」という方法自体がアジア圏一帯で広く行われており、タイ料理のカオマンガイもそのひとつなのです。スイートチリソースなどお好みのソースでどうぞ。P.82「にんにく黒酢ダレ」、P.74「ゴルベラコアチャール」、P.121「ポリネシアンソース」など、本書に出てくるいろんなタレ類もよく合います。ありったけ並べてみても楽しそう。

材料
無洗米　適量
鶏スープいずれか＊　適量
しっとりサラダチキンいずれか　適量
生野菜（キュウリ、トマト、パクチーなど）　適量
お好みのタレ　適量

①炊飯器に無洗米と鶏スープを入れて炊く。
②❶と食べやすい大きさに切った「しっとりサラダチキン」、生野菜を皿に盛る。温めた鶏スープとお好みのタレを添える。

＊鶏スープの量は、普段米を炊くときよりやや少なめにすると、かために炊き上がっておいしい。目安は酢飯を炊く時と同じくらいの量（米300gに対してスープ350gくらい）。ジャスミンライスを使う場合は、ジャスミンライスの1.8倍の重量のスープで炊きます

30分チキン

フランス家庭料理の定番の品です。フランスの伝統的な焼き方「ポワレ」に倣(なら)い、鶏肉を冷たいままのフライパンに皮目を下にして置き、弱火でじっくり焼きます。
はじめは1時間かけて片面からのみ焼いていたのですが、時間がかかりすぎるので、試しに片面30分焼き、返して10分待ってみたところ、ちょうどよくしっとりと焼き上がりました。

それでも30分以上かかりますが、カリッとした焼き目と肉汁を逃さないジューシーな焼き上がりが、ほぼ放置しているだけで得られます。効率が求められるレストランでは提供しづらく、むしろ家庭料理に向いている調理法です。

モモ肉でもムネ肉でもできますが、モモ肉はムネ肉よりも薄く、また多少焼きすぎても硬くなりにくいので、より確実においしく焼けます。
どちらの部位を使う場合も、販売しているときに皮の部分が丸まっていたり重なっていたりするので、それをのばしておくのが大切。そして必ず冷たい状態のフライパンに、皮をぴんと広げてしっかり貼り付けて焼き始めます。皮が浮いているとぱりぱりになりません。

基本の30分チキン（P.84）

材料

鶏モモ肉　1枚

塩　肉の重量の0.8～1%

黒コショウ　肉の重量の0.1～0.2%

＊IHを使う場合はP.91を参照

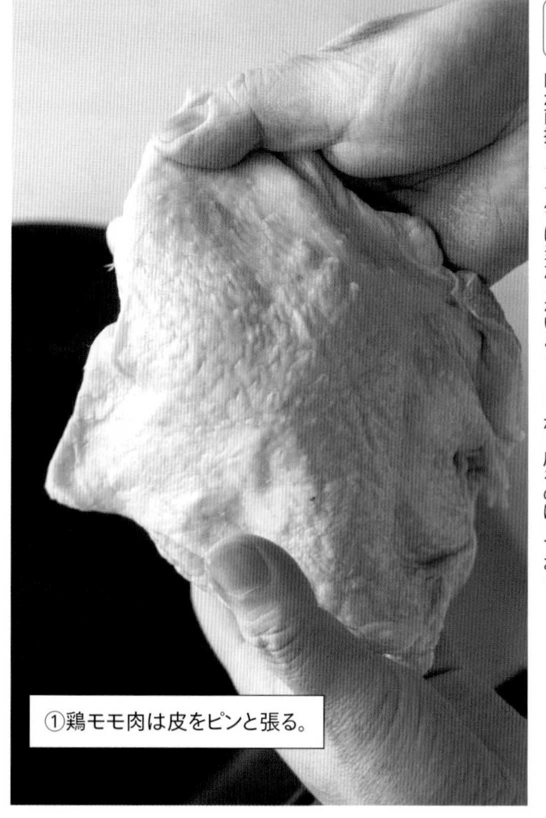

①鶏モモ肉は皮をピンと張る。

ポイント　肉が直接フライパンに当たらないよう、しっかり皮をのばしておく。

②フライパンに皮をぴったりと押しつけて広げる。まだフライパンは冷たいまま。

③塩と黒コショウをふり、弱火にかける。5分くらい経つと、ジリジリと肉の焼ける音がし始めるが絶対に肉を動かさないように。

ポイント　蓋をするのも厳禁。

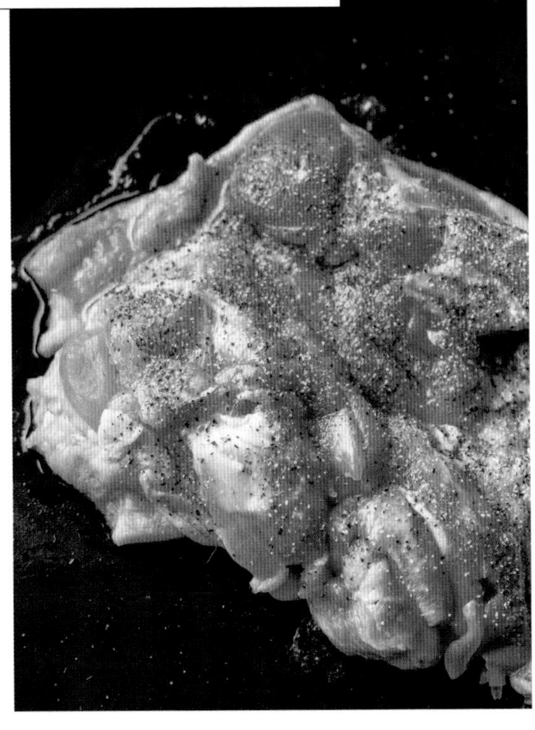

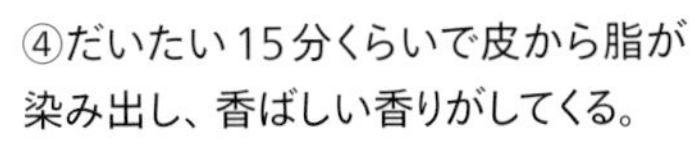

④だいたい15分くらいで皮から脂が染み出し、香ばしい香りがしてくる。

⑤だいたい25分で脂がほぼ出きり、さらに香ばしい香りがしてくる。

⑥だいたい30分くらいで、肉の厚みの半分くらいまで白っぽくなる。肉の表面をさわり、人肌くらいの温かさになっていたらひっくり返す。

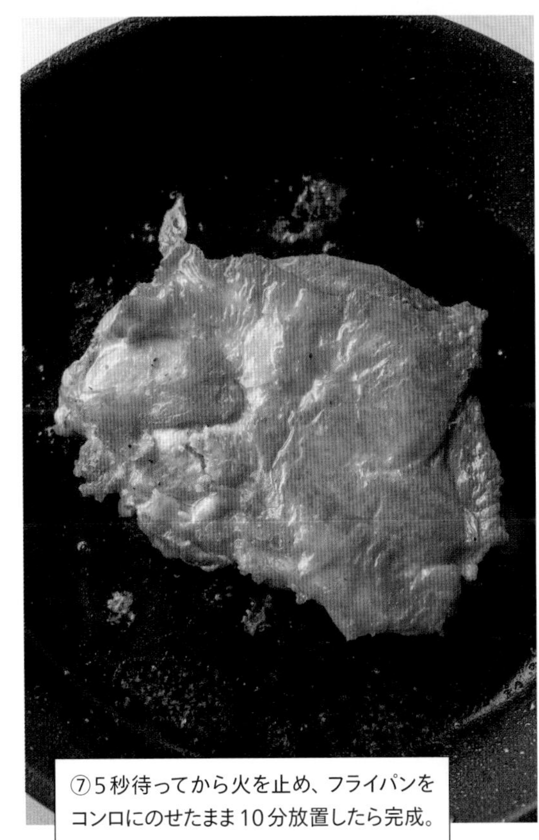

⑦5秒待ってから火を止め、フライパンをコンロにのせたまま10分放置したら完成。

ポイント

フライパンをコンロの上に置いたままにすることで、フライパンと五徳、両方の余熱を使って火を入れる。

展開①

ハーブやニンニクでより風味豊かに

肉の脂が染み出してきたら、脂に浸すようにしてニンニクやハーブを加えます。香りが移った脂の中で肉を焼くことで、風味よく仕上がります。

材料
(基本の30分チキンに加えて)
ニンニク　2片
ハーブ（ローズマリー、タイムなど）　適量

①「基本の30分チキン」の焼きはじめから25分後、脂が出きったあたりでつぶしたニンニクとハーブを加える。ニンニクもハーブも脂に浸るようにして入れる。
②ニンニクが香ばしく色づいたら、ハーブとともに肉の上に移す。肉をひっくり返すタイミングでフライパンから取り出す。
③最後にニンニクとハーブをもう一度鍋に落としてさっと火を通し、肉とともに盛り付ける。

ニンニクとハーブは焦げないよう、途中で肉の上にのせておく。

展開②

付け合わせの野菜も一緒に焼く

肉を焼きながら、フライパンの脇で付け合わせの野菜を焼きます。染み出した鶏の脂が野菜をおいしくしてくれます。染み出る脂が多いので、モモ肉がこの仕立てに向いています。

材料
(基本の30分チキンに加えて)
野菜（ズッキーニ、ナス、シシトウなど）　適量

①「基本の30分チキン」を焼いている間のどこかのタイミングで、食べやすい大きさに切った野菜を加えて焼く。
②野菜は焼き上がったら取り出しておき、肉と一緒に盛り付ける。

フライパンに入れるタイミングは野菜によって調整する。

展開③

焼いた後のフライパンでそのままソースをつくる

焼いた後のフライパンに残るおいしいエキスをソースに活用します。下記の2品の他、P.118「生姜焼きのタレ」やP.121「ポリネシアンソース」を加えて、鍋底をこそげながら温めてもおいしいソースができます。
また、ソースではなく、付け合わせのラタトゥイユをつくるという手も。ナス、ズッキーニ、パプリカ、玉ネギなどの野菜（角切りにしたもの）をフライパンに入れ、さっと炒めた後、塩と好みの酢、各少々を加え、蓋をして蒸し煮にします。このアレンジは、ニンニクとハーブを加えて焼く「展開①」の場合に特におすすめです。

バルサミコバターソース

材料
（基本の30分チキンに加えて）
バルサミコ酢　50g
砂糖　10g
バター　15g

①「基本の30分チキン」を取り出した後のフライパンの余分な脂を拭き取る。そのときジュ（肉汁）はぬぐわないように気を付ける。
②バルサミコ酢を加えて弱めの中火にかけ、煮立ったら砂糖を加える。焦げないようにヘラで鍋底をこそげながら煮詰める。
③とろみがついたら火を止め、ひと呼吸おいてからバターを加え、溶かしながら混ぜる（ひと呼吸とは、火を止めてからバターを冷蔵庫から取り出して切り、計量して加えるくらいの時間のこと。ぐつぐつ煮立っているところにバターを加えると分離しやすい）。

トマトソース

材料
（基本の30分チキンに加えて）
トマト（角切り）　160g
ニンニク（みじん切り）　5g

①「基本の30分チキン」を取り出した後のフライパンでニンニクを計量し、弱めの中火にかける。トマトを加える。
②トマトが煮崩れるまで煮詰める。

展開④

鶏ムネ肉でつくる

ムネ肉でつくる場合も、焼き方は基本的にモモ肉と同じ。冷たいフライパンで30分焼いてひっくり返し、10分やすませて仕上げます。
パサついたりかたくなったりするのを防ぐには、300gくらいのサイズを選ぶといいでしょう。ムネ肉としては小さめですが、肉の外側と内側の厚みが比較的均等なので均一に火が入り、失敗を防げます。

材料
鶏ムネ肉　1枚（300gくらいのもの）
塩　肉の重量の0.8〜1%
黒コショウ　肉の重量の0.1〜0.2%

①鶏ムネ肉は皮をピンと張り、冷たいフライパンに皮をぴったりと押しつけて広げる。
②塩と黒コショウをふり、弱火にかける。絶対に肉を動かしてはいけない。蓋も厳禁。
④だいたい30分くらいで、肉の厚みの半分くらいまで白っぽくなる。肉の表面をさわり、人肌くらいの温かさになっていたらひっくり返す。
⑤5秒待ってから火を止め、フライパンをコンロにのせたまま10分放置したら完成。

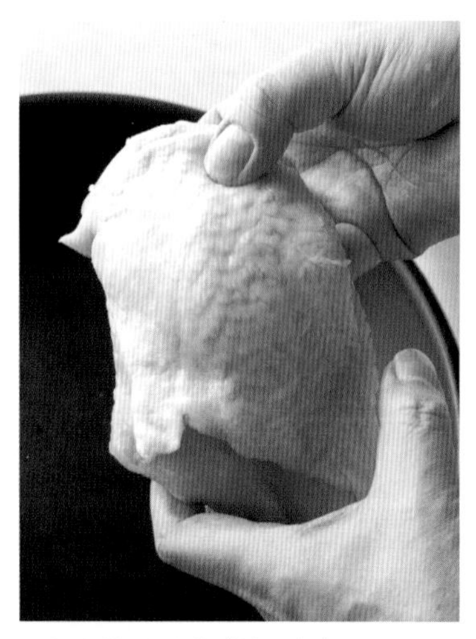

300gほどのやや小ぶりなムネ肉。

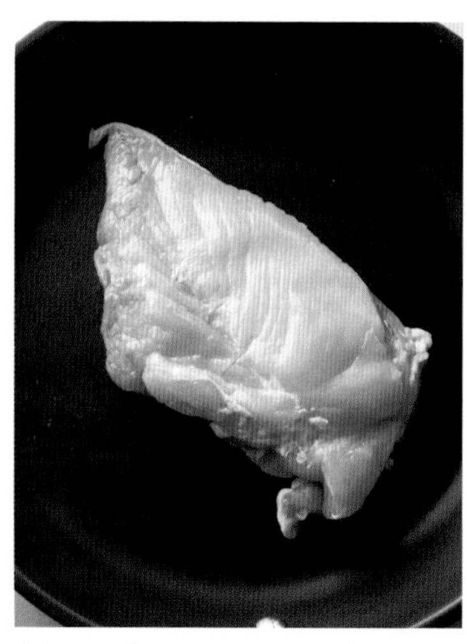

皮を張って冷たいフライパンに広げる。

肉を返したら火を止めて10分やすませる。

番外① 均等に味を付けるには

・肉の重量に応じて計量した塩と黒コショウをあらかじめ混ぜておきます。
・これを肉にふれば、まんべんなくかかっているか目視しやすく、均等に味を付けることができます。

黒コショウが目印となり、コショウが均等にかかっていれば
塩もまた同様と考えられる。

番外② IHクッキングヒーターを使うなら

・IHクッキングヒーターで調理する場合、最弱火だと弱すぎるので、出力3程度（500～600W）で焼きます。ただし、機種にもよるので試してみて火加減を調整してください。
・30分焼いた後に完全に火を止めず、出力1または保温モードで10分放置します。

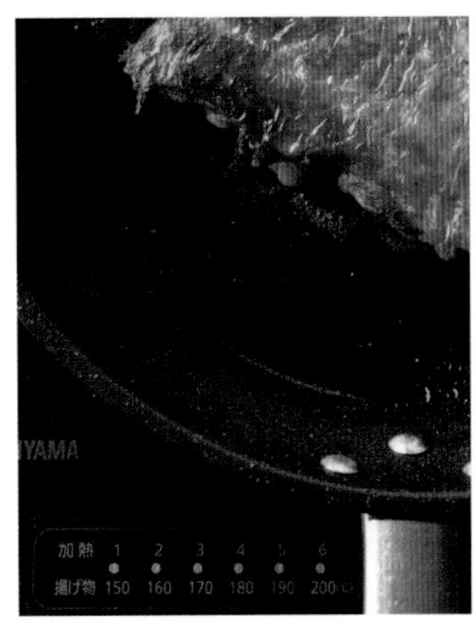

IHは五徳からの余熱が得られないため保温モードなどを活用。

番外③ 指でさわって温度を確かめるには

・肉は薄い部分から火が入っていきます。温度を確かめるときは一番分厚いところをさわること。もしヒヤッとしていたら、まだ加熱が足りません。
・肉がほんのり温かい人肌になっていたら、肉を返すタイミングです。
・そのときの表面温度は、だいたい40℃くらい。フライパンに接している面は100℃くらいと推察されるので、肉の中心温度は間をとって70℃くらいなのではないか、と考えられます。

さわるのは肉のいちばん厚みのある部分。

番外④ もし火が通り切っていなければ

・火がしっかり入ったかどうかは、肉を切って最終確認します。
・生っぽさが残っていたら、1.5cm幅にスライスしてフライパンで断面をさっと焼きます。
・もしくは電子レンジで軽くチンしてもOK。
・いずれの場合も皮目のカリカリ感や肉のジューシー感はやや薄れますが、そこは安全第一で！

これだとまだ少し生っぽい。

断面をさっと焼く。

野菜のミニマル箸休め

大根、キュウリ、玉ネギ、キャベツなど、冷蔵庫に半端に余っていそうな野菜で即席の箸休めはいかがでしょうか。ご飯のお供にも、酒の肴にも最適です。こういうちょっとしたものでも、一品増えるとより楽しく、食卓も賑わいますね！

◎酢について

こういった料理（「大人のQちゃん」、「玉ネギの酢醤油漬け」、さらにはP.61「どぶ漬け冷やし中華」など）では、酢そのもののおいしさが重要です。穀物酢よりも少しだけ高価ですが、ぜひ米酢を常備してください。少し個性的な風味ですが、薩摩黒酢はさらにおすすめ（とても高価ですが……）。安価な中国黒酢も独特のおいしさですが、非常に個性が強いので米酢と1：3程度で割って使うのがおすすめです。

大根葉の炒り煮

大根に葉が付いていたら、捨てずにこちらの料理に。葉の量が中途半端だったら、大根の上の方の青くてかたいところも一緒にきざんで入れてもいいです。

材料（数字は重量比［%］）
大根葉（+大根の上の方）　100
ゴマ油　5
A　水　50
　濃口醤油　10
　みりん　10
かつお節　1

①きざんだ大根葉と大根の上の方をゴマ油でさっと炒めたらAを加え、蓋をして大根がやわらかくなるまで煮る。
②火が通ったら蓋を取り、かつお節を加えて混ぜながら、水気がなくなるまで煎る（加えた水分がすべて蒸発するくらいを目安に）。

大人のQちゃん

さっぱりとしてヤミツキになるきゅうりの即席漬です。

材料（数字は重量比［%］）
キュウリ（輪切り）　100
ショウガ（せん切り）　10
濃口醤油　25
米酢　25
みりん　25

①材料をすべて合わせて、1時間以上おく。

生姜キャベツ

東京下町風の即席漬け。生姜の風味がキャベツの青臭さを消して、意外なほど上品な味わいに。ここに味の素を数粒と濃口醤油を少し垂らせば、より「下町の味」が楽しめます。

材料（数字は重量比［%］）
キャベツ（ひと口大に切る） 100
ショウガ（スライス） 5
塩 3

①材料を合わせて、キャベツがややしんなりするまでおく。

大根ポン酢漬け

塩分控えめでさっぱりしているので、ご飯のお供というよりは酒肴や箸休めとしてどうぞ。ポリポリと止まらなくなります。溶き辛子かフレンチマスタードを添えるのもオツです。

材料（数字は重量比［%］）
大根（いちょう切り） 100
ポン酢 30

①大根をポン酢（P.123「自家製ポン酢」がおすすめ）に1時間以上漬ける。

玉ネギの酢醤油漬け

玉ネギそのものの甘さによって、ちょっとラッキョウ漬け風に仕上がります。お漬物としても、カレーライスの薬味にも。また、漬け汁ごと肉料理のソースとして活用するのもおすすめで、鶏のから揚げにかければ油淋鶏風になります。

材料（数字は重量比［%］）
玉ネギ（小角切り） 100
濃口醤油 50
米酢 50

①材料をすべて合わせて、1時間以上おく。

ピーマン
ほうれん草
セロリ
玉ネギ
マッシュルーム
概念明太子
伊丹十三式アルブッロ
凝縮ポモドーロ

だけスパ

蕎麦ならもり蕎麦を、讃岐うどんなら生醤油うどんを楽しむように、パスタも麺そのものを楽しみたい……。そんな日本人らしい欲求を満たすために、僕が日常的につくって楽しんでいるのが「だけスパ」です。具はあえて１種類、味付けも限界までシンプルに、というのがマイルール。
もちろんパスタは、複数の食材や凝ったソースのさまざまな組み合わせが楽しい料理でもありますが、それはお店に任せて、家ではシンプルを極めてみるのも良いものです。

ここで紹介するスパゲッティは、あまりにシンプルすぎて、つくる前は「本当にこれだけでおいしくなるの？」と不安になるかもしれませんが、大丈夫です。安心してください。

そして「だけスパ」は、（シンプルであるがゆえに）そこからのプラスαなアレンジも自由自在。何を足してもおいしくなります。ただし、もしかしたらそのアレンジの方が難しいのかもしれません。元が純度の高いおいしさであるだけに、足すものにも同種の純度を求めたいからです。ここではそんなアレンジ用食材選びの極意もご紹介していきます。

ピーマンの「だけスパ」

『おそうざいふう外国料理』(暮しの手帖社)のモノクロページの片隅に2行の文字だけで記されていた「ピーマン・スパゲチ」が原典。ピーマンの甘さとほろ苦さが絶妙なアクセントとなり、香りがハーブのような役割を果たします。

材料(1人前)
スパゲッティ　100g
バター　15g
ピーマン(縦半分にして幅1cmに切る)　1個分

①フライパンでバターを計量し、火にかけて溶かす。ピーマンを加えてくたっとするまで炒める。
②スパゲッティをゆで、ゆで汁少々とともに❶に加えて和える。

◎あえて何かプラスするなら

パルミジャーノなどのおいしい粉チーズを少しふりかけて。同じトウガラシ属ということもあって、タバスコも意外な好相性。ちょっとクレオール料理風になります。

ピーマンはシャキシャキ感を生かすより、むしろクタッとさせるほうがおすすめ。
麺と馴染みがよくなるだけでなく、素材の旨味がより鮮やかに引き出せる。

ほうれん草の「だけスパ」

「だけスパ」は材料がシンプルなだけにオリーブ油よりもバターで風味をふくらませるのがおすすめですが、そのバターと相性抜群な素材のひとつがほうれん草です。和える前にバターをしっかり目に加熱して香ばしさを引き出しておくのがコツ。

材料（1人前）
スパゲッティ　100g
バター　15g
ほうれん草（ざく切り）　100g

①フライパンでバターを計量して火にかけ、少し泡が立って香ばしい香りが出るまで加熱する。
②スパゲッティをゆで、ゆで上がり2分前にほうれん草を加える。
③ゆで上がったらスパゲッティとほうれん草を一緒に湯切りし、❶のフライパンに加えて少し炒めるように和える。

◎あえて何かプラスするなら

バターを加熱するとき、おいしいベーコンかパンチェッタを少しプラスして。もちろんチーズも◎。

ほうれん草は、少しアクを抜いた方がおいしい食材。さっとゆでることで、程よくアクが抜ける。

セロリの「だけスパ」

ピーマン同様、ほろ苦さと香りが麺の味わいを引き立てます。余らせがちなセロリの葉や細い茎を有効活用できます。

材料（1人前）
スパゲッティ　100g
セロリ（細かくきざむ）*　30〜80g
塩　少々
バター　15g

*葉っぱが多い場合は、葉の割合をやや控えめにする

①セロリは軽く塩をふっておく。
②フライパンでバターを計量し、❶を入れてしんなりするまで炒める。
③スパゲッティをゆで、ゆで汁少々とともに❷に加えて和える。

セロリはスパゲッティを合わせる前のこの状態（右）でも、実はおつまみとして有能。

◎あえて何かプラスするなら

シラスやおかかを加えると食べやすくインパクトのあるおいしさに。その場合はタカノツメを加えても。

玉ネギの「だけスパ」

お湯を沸かし、スパゲッティをゆでる時間をフルに使って、玉ネギをバターでじっくり蒸し煮にすることで、それがそのままソースに。やさしい甘さを、仕上げに加えるブラックペッパーで引き締めます。

材料（1人前）
スパゲッティ　100g
玉ネギ（スライス）　120g
塩　1g
バター　15g
黒コショウ　1g

①スパゲッティをゆでるための湯を沸かし始める。
②玉ネギに塩をふっておく。
③フライパンでバターを計量し、❷の玉ネギをさっと炒める。少量の水（分量外）を加え、蓋をして弱火で蒸し煮にする。
④その間にスパゲッティをゆでる。ゆで上がったら、ゆで汁少々と黒コショウとともに❸に加えて和える。

玉ネギは焦がさないよう、ふっくらと蒸し煮にするイメージで火を入れるが、実は少し焦がしても、コクのある違うおいしさに仕上がる。

◎あえて何かプラスするなら

ベーコン、チーズ、ニンニクなどなんでもよく合いますが、合いすぎて当たり前すぎるおいしさになってしまうかも。玉ネギを蒸し煮にするとき、ベイリーフやタイムなどのハーブや、白ワインか白ワインビネガーを、いずれもほんの少量加えてもお洒落な味わいです。

マッシュルームの「だけスパ」

旨味豊富なマッシュルームは「だけスパ」にぴったりの食材。普段脇役になりがちなマッシュルームを単体でたっぷり味わうレシピです。

材料（1人前）
スパゲッティ　100g
マッシュルーム（スライス）　60〜100g
塩　少々
バター　15g

①マッシュルームに塩をふっておく。
②フライパンでバターを計量し、❶のマッシュルームをさっと炒める。蓋をして軽く蒸し煮にする。
③スパゲッティをゆで、ゆで汁少々とともに❷に加えて和える。

マッシュルームからおいしいジュを染み出させるイメージで火を入れる。

◎あえて何かプラスするなら

マッシュルームを炒めるときにきざんだニンニクと黒コショウを少し加えても。ハムやソーセージとパセリをきざんで加えるとご馳走味に。

概念明太子スパ

日本で生まれた傑作「明太子スパ」、そこにおいて海苔の果たす役割は実は極めて重要です。ここでは、あえてその海苔を主役とするために明太子には一回休場してもらいましょう。

材料（1人前）
スパゲッティ　100g
バター　15g
豆瓣醤　5g
きざみ海苔　たっぷり

①スパゲッティをゆでる。
②ボウルにバターと豆瓣醤を計量しておく。
③ゆでたスパゲッティをゆで汁少々とともに❷に加えて和える。皿に盛り、きざみ海苔をたっぷりとふる。

ほんのりピンクに染まったスパゲッティが、味だけでなく海苔の色合いも引き立てる。

◎あえて何かプラスするなら

豆瓣醤をもう少し増やしてナンプラーも少し足すと、本家の明太子スパにどことなく近づきます。その場合はパスタをゆでるときの塩を2/3くらいまで減らして下さい。シラスも当然のように合います。

伊丹十三式アルブッロ

『ヨーロッパ退屈日記』（伊丹十三著／新潮文庫）に登場する元祖だけスパ。これが日本の「アルデンテ」の夜明けでした。バターとチーズの量はお好みで（でも思い切って多めの方がおいしいのは言うまでもありません）。

材料（1人前）
スパゲッティ　100g
バター　15〜30g（罪悪感に応じて）
あくまで上質な粉チーズ　30〜60g（背徳感に応じて）

①スパゲッティをゆでる。
②ボウルにバターを計量しておく。
③ゆでたスパゲッティをゆで汁少々とともに❷に加える。その熱でバターを溶かしながら軽く和える。
④粉チーズを加えてしっかり和える。

パスタの定石で言えば本来はチーズをなめらかに溶かし込むべきだが、あえてボソッとダマを残した方が背徳的なおいしさに……。

◎あえて何かプラスするなら

何も足してはいけません。それは別の料理です。

凝縮ポモドーロ

日本のトマトはソースや煮込みに向かないという説もありますが、決してそんなことはありません。コツはしっかり煮詰めて水分を飛ばすこと。これを知ったらもう水煮缶には戻れなくなるかも（?）。

材料（1人前）
スパゲッティ　100g
オリーブ油　15g
塩　1g弱
トマト　200〜300g

①冷たいままのフライパンでオリーブ油と塩を計量し、半割りにしたトマトを切り口を下にして並べる。蓋をして中火にかける。
②トマトが少しやわらかくなったら、皮を箸でつまんでペロンとむく。
③木ベラでトマトを崩しながら、半量程度まで煮詰める。
④スパゲッティをゆで、❸に加えて和える。

トマトの皮は完全にむけなくても、そのちょっとした食感がアクセントになる。

◎あえて何かプラスするなら

工程①できざんだニンニクを少々加えると、よりオーソドックスなトマトソースに。仕上げにフレッシュバジルを加えても。ただし一度はぜひ、あえて何もなしで試してみてください。

◎「あえて何かプラスするなら」のあえての補足

材料を削ぎ落とすことで一流の味を目指すのが「だけスパ」ですので、もしそこに何か足すなら、その食材も申し分ないものにしたいところ。と言っても、生鮮食品やシラス、ナンプラー、パンチェッタ、タバスコ、ツナなんかなら、明らかなハズレを引くことはまずありません。気をつけなければいけないのはチーズ、ベーコン、ハム、ソーセージといったあたりです。

粉チーズ

パルミジャーノ・レッジャーノなどの硬質チーズをその場ですりおろすのが最高なのは言うまでもありませんが、「生パルメザン」といった名前で売られているタイプの粉チーズは充分使用に耐えます。しかし、紙筒に入った乾燥タイプのいわゆる「粉チーズ」は避けましょう。これしかなければむしろ使わない方がベターです。それはナポリタンのためにとっておきましょう。

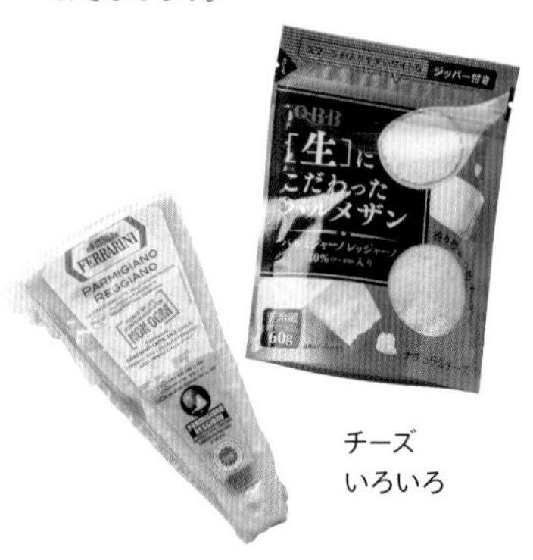

チーズ
いろいろ

ベーコン

ベーコンには欧米式と日本式があります。前者はしっかり焼くとカリカリになるけど後者はならない、と言えばなんとなく違いがわかるでしょうか。甘味と旨味が強くてジューシーなのが日本式の特徴で、「ご飯のおかず」としては悪くないものですが、純粋な欧風料理には向きません。「だけスパ」にもです。
欧米式を見分けるコツは、原材料名表示欄の豚肉の次が「塩」になっていること。水あめやアミノ酸が使われていなければより確実です。しかし残念なことに欧米式ベーコンは普通のスーパーではまず売っていません。目下手に入りやすいのは成城石井、もしくはコストコです。

加熱食肉製品（加熱後包装）
７日間漬け込んだベーコンスライス
（化学調味料不使用）
名称：ベーコン（スライス）
原材料名：豚肉、食塩、砂糖、香辛料／発色剤（亜硝酸Na）、酸化防止剤（V．C）、酸味料、（一部に豚肉を含む）

原材料欄の「豚肉、食塩」の並び順が目印
（写真は成城石井の製品）。

ハム・ソーセージ

ハムや生ハム、ソーセージなども、基本的にはベーコンと同じ基準で選びます。原材料表示の豚肉の次が塩になっているのは必須条件。ハムに関しては、生ハムも含めてスーパーでも最上級品は欧米タイプであることが多いので入手は容易と言えば容易です。
ただし最上級品を日常的に使い続けるのはつらいですよね……。でも大丈夫、主に日本各地のローカルハムメーカーが手がける昔ながらのプレスハムやソーセージの中に、たまに欧米タイプのものがしっかり生き残っていることがあるのです。価格も比較的安いですし、見つけたら全力で常備をおすすめします。地味ながら品のいい味わいで、料理の仕上がりを邪魔しません。

名　称	無塩せきソーセージ	保存方法
原材料名	豚肉(国産)、食塩、砂糖、香辛料／くん液、調味料(アミノ酸)、リン酸塩(Na、K)	製造者

岐阜県郡上市の農業協同組合が手掛ける「明方ハム」シリーズは伝統的なプレスハムやソーセージが揃う。

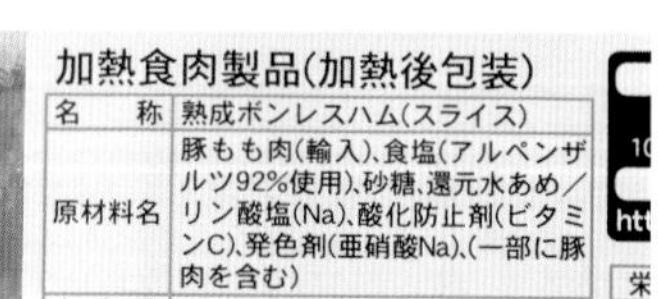

加熱食肉製品(加熱後包装)

名　称	熟成ボンレスハム(スライス)
原材料名	豚もも肉(輸入)、食塩(アルペンザルツ92%使用)、砂糖、還元水あめ／リン酸塩(Na)、酸化防止剤(ビタミンC)、発色剤(亜硝酸Na)、(一部に豚肉を含む)

欧米タイプのハムは比較的探しやすい
（写真は成城石井の製品）。

「欧米式」のカリカリベーコン

◎スパゲッティのゆで方　理論編

塩加減

塩は水に対して0.8～1%が標準量とされることが多いようですが、私はそれより少し多めの1.2%を推奨します。この濃度だと、ソースなしで麺だけ食べてもバッチリおいしいので、シンプルな「だけスパ」には特に好相性です。
つくり込んだソースと合わせる場合も、麺はこのくらいの塩加減にして、ソースの方をそれ単体でちょうどいいくらいの控えめな味付けにしておく方がいいと思います。逆に言うと市販のパスタソースなどを用いる場合は1.2%では塩気が強すぎるということになります。
また、アンチョビやオリーブ、ケッパー、塩気の強いチーズ（ペコリーノやゴルゴンゾーラなど）をソースに使う場合や、たっぷりのハム・ベーコン類と合わせる場合なども注意が必要です。
そのときはゆで湯の塩を思い切って減らす、極端な話、なしにしても大丈夫です。
「塩の浸透圧が麺のコシを出す」「表面の滑りを抑える」「くっつきにくくなる」といった説を目にすることも多いですが、少なくともスパゲッティをゆでる程度の塩分濃度では特にそういう物理現象は起こらないことが実証されているようです。私も実感としてはその通りです。塩はあくまで麺においしい下味を付けるもの、と捉えた方がよさそうです。

だけスパの場合、
水1000gに対して
塩12g程度が適量。

ゆで時間

結論から言うと「袋の表示通り」でいいと思います。
ふた昔くらい前は（特に国産パスタは）、表示通りだとややややわらかすぎるということもあったようですが、アルデンテという概念がすっかり世間に浸透した今はそんなことはなくなっていると実感しています。
もちろん、あえて短めの時間ではっきり芯を残したゴリゴリのアルデンテ未満を楽しむのもときには楽しいものなので、その辺りはあくまでお好みで。ただし麺そのものの味わいを楽しむ「だけスパ」は、やはりある程度しっかりゆでた方が単純においしいと思います。
ゆで時間そのものよりはむしろ、湯切りした後、いかに手早く調理して食べ始めるかの方が重要かもしれません。何事もそうですが料理の練度は重要です。
とは言え、家でパスタを食べるときは、食べ始める前にせめて鍋、フライパン、ボウルくらいは洗ってしまいたいもの。そうするとどうしてもタイムラグが生まれます。それを見越してゆで時間を短縮しすぎると、「粉っぽいままやわらかくなっただけ」という最悪な麺が生成されてしまいかねません。
そうなると実は「伸びにくい麺選び」というものがむしろ重要だったりします。
その点については次項「麺選び」で。

麺選び

細い麺は、ゆで時間が短い、軽いソースでもからみやすいなどのメリットもありますが、同時にゆで時間のストライクゾーンが狭い、伸びやすいなどの欠点もあります。なので基本的には1.8mm程度の太めの麺が家庭では扱いやすいと思います。特に初心者の方は最初は太めをおすすめします！
銘柄については、正直なところ世の中で流通しているスパゲッティにマズいものなんかないのでどれでもいいと言えばいいのですが、その中であえておすすめしたいのが「バリラ スパゲッティ No.5」です。有名ブランドだけあって風味は最高ですし、なんといっても伸びにくい！ 国産よりはやや高価ですが、ネットで大袋を買えばかえって安くついたりもします。
バリラよりも調理難易度は高くなりますが、「ディ・チェコNo.11スパゲッティーニ」は、表面が少しざらついた独特の食感と穀物ドーン！ の味わいが魅力。ただし、伸びるのは滅法早いので注意が必要です。それで言うと、ディ・チェコはスパゲッティーニやスパゲッティではなく、あえてリングイーネを選ぶ手もあります。気持ち伸びにくく、かつ伸びてもおいしいのはこっちかもしれません。
いろいろ書いてきましたが国産スパゲッティも申し分なくおいしいですし、香りが少し独特なトルコ産激安スパゲッティにもそれならではの魅力があります。「ボルカノ スパゲッチ」などの、強力粉配合2.2mm国産極太スパゲッティも（用途は限られますが）捨てがたい。いちいち書いてたらキリがないのでこのへんにしときます。

パスタの種類は
どうぞお好みで。

禁断の裏技

ちょっとでも抵抗感のある方はここは無視してもらって全然構わないんですけど、ゆで湯に塩だけでなくごくごく微量の味の素を足すのは、とてもおもしろいのでぜひ一度気が向いたら試してみてください。
味の素は言わば“劇薬”みたいなものです。入れすぎるとあっという間に、食べやすいけどなんだか安っぽい味になります。私が推奨する使用量の目安は、パスタのお湯に限らず「塩分量に対して3%から最大でも5%まで」。ちなみにこれは食品加工業界で言われている適量よりは桁が一つ少ないのですが、これで必要充分な効果は得られます。
この割合でパスタをゆでると、おそらくほとんどの人は入れたことにすら気づかないと思いますが、なんとなく小麦粉の風味が持ち上がり、塩気のカドが取れてマイルドな味わいに感じられるはずです。もちろん嫌味のない程度の旨味も加わるので、「だけスパ」みたいなシンプルな料理だと料理としての完成度も上がります。それがどうしても必要な要素かと言われると微妙ではあるのですが、テクニックとして知っておいて損はないと思います。

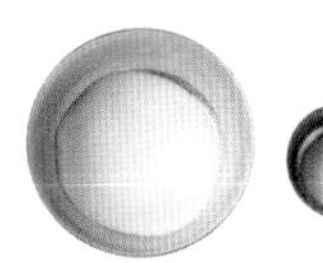

味の素は、塩10g（左）に対して
最大0.5g（右）まで。

実践編

材料（2人前）
スパゲッティ　200g
水　2000g*
塩　24g
味の素　1g弱（気が向いたら）

*よく言われることですが、スパゲッティはたっぷりのお湯でゆでるのが鉄則です。100gの乾麺に対して水1000g（1L）以上を目安にしてください

①

②

③

④

⑤-a

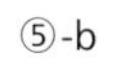
⑤-b

⑧

①鍋に水、塩、（味の素）を入れて火にかけ、グラグラ沸かす。

②スパゲッティをパラパラとなるべく放射状になるように入れる。

③10秒たち、スパゲッティが少しやわらかくなったら、なるべく放射状を維持しながら全体をお湯の中に沈める。

④麺同士がくっつく可能性があるのはここから1分間。時々混ぜてくっつかない（束にならない）ようにする。

⑤-a　お湯が対流して麺が常に踊っている状態をキープできる火加減でゆでる。

⑤-b　練度が上がっていれば、このタイミングで蓋をしてやや火を弱めてゆでるという手も。水が蒸発しすぎてスパゲッティがしょっぱくなるのを防ぐことができ、光熱費も少しは節約できて、夏場も多少は暑くない。

⑥ソースを温め直し、スパゲッティのゆで上がりに備える。なお、この時点で存在しているシンク内の洗い物は完全に片付けておく。

⑦家族全員を呼び寄せてテーブルに着席させる。その際にカトラリーなども彼らに準備させ、必要なら子供には先に手洗いも促し、完全にスタンバイの体制に持ち込む。

⑧袋の表示時間の下限（「標準ゆで時間8〜9分」とあるならば、8分）になったら手早く湯切りして、ソースと合わせるなどして手早く仕上げる。配膳したら「先に食べてて」と言い残してキッチンに戻り、鬼のスピードで鍋類を洗い、食卓につく。

野菜の蒸し煮

～あらゆる野菜がおいしくなる100：10：1の法則

野菜、油脂、塩を100：10：1の割合で合わせ、蒸発する分の水を少量加えてゆっくり蒸し煮にすれば、あらゆる野菜がおいしくなります。野菜に合わせて油脂を選び、お好みのハーブやスパイスをちょい足しすれば、バリエーションは無限大！

基本の配合は以下の通りです。

材料（数字は重量比［%］）
お好みの野菜　100
お好みの油脂　10
塩　1
水　10～30
ハーブ、スパイス、ニンニクなど　お好みで

世の中ではある種の「生野菜信仰」が根強く、野菜と言えばサラダ、と思われがちです。しかしサラダというのは、見かけの割にそれほどたくさんの野菜が摂れるわけでもありません。使える野菜も限られます。
「蒸し煮」という調理法には、野菜の味をしっかり感じられるおいしさだけでなく、栄養分を逃さず野菜がたっぷり食べられるというメリットもあるのです。

ここで紹介するいずれの野菜も無水鍋を使うと色もきれいでぐずぐずになりませんが、普通の鍋でくたくたに仕上がったものそれはそれでおいしいものです。実は、P.10の「なすの醤油煮」も、この法則に従ったレシピなのです。

くたくたブロッコリー　シンプルバージョン

材料（数字は重量比［%］）

ブロッコリー（ひと口大に切る）　100

バター　10

塩　1

水　10～30

ポイント
鋳鉄製のキャセロールやココットなら密閉度が高いので水は少なめに、普通の鍋やフライパンなら多めに入れる。

①鍋にブロッコリーを入れて計量する。

②その他の材料もすべて鍋に入れる。
水の量は、蓋の密閉具合によって調整する。

ポイント
思ったより蒸発が早くて焦げつきそうになったら途中で少し水を足す。

③蓋をして弱火で野菜に火が通るまで蒸し煮にする。

④最終的に鍋の中身の重量が調理前の野菜の重量と同じくらいになるのが理想。

くたくたブロッコリー　ペペロンチーノ風

バターの代わりにオリーブ油を使い、ニンニクとタカノツメでペペロンチーノ風に。冷やしてもおいしく、そのままパスタソースにもなります。

材料（数字は重量比［%］）
ブロッコリー　100
オリーブ油　10
塩　1
ニンニク　2〜
タカノツメ　お好みで
水　10〜30

キャベツのバター蒸し

いつものキャベツがもりもり食べられる一品に。仕上がりにレモン汁を搾ると小洒落たホットサラダ風にも楽しめます。

材料（数字は重量比［%］）
キャベツ　100
バター　10
塩　1
黒コショウ　少々
水　10〜30

ご馳走にんじんグラッセ

砂糖は加えず、にんじんそのものの甘さだけで仕上げます。にんじんからはあまり水分が出ず、調理時間も長めなので、水はやや多めに加えます。新鮮なにんじんなら、皮はむかない方がおすすめ。

材料（数字は重量比［%］）
にんじん　100
バター　10
塩　1
クミンシード（あれば）　少々
タイム（あれば）　少々
水　20〜40

ペペロナータ

常備菜としてもおすすめ。サラダやマリネのトッピングとしても活用できます。

材料（数字は重量比［%］）
パプリカ　100
オリーブ油　10
塩　1
ニンニク　2
米酢　10
水　0〜20

紫玉ネギのバタービネガー蒸し

お酢と玉ネギの甘さが相まって、後を引くおいしさです。ポークソテーやハンバーグなど、お肉の付け合わせ兼ソースとしても活用できます。普通の玉ネギでつくるのもありです。

材料（数字は重量比［%］）
紫玉ネギ　100
バター　10
塩　1
米酢　5
水　5〜25

椎茸のバター醤油蒸し

椎茸と相性のいい醤油を塩の代わりに使うレシピです。濃口醤油の塩分濃度は16%程度、つまり塩の約1/6なので、醤油を使う場合には塩の約6倍の量を加えれば、料理の仕上がりがちょうど同じくらいの塩分濃度になります。水の一部はお酒に置き換えて、さらに風味豊かに。

材料（数字は重量比［%］）
椎茸　100
バター　10
濃口醤油　6
ニンニク　2
日本酒　10
水　0〜20

タレ、ソース、ドレッシング

冷蔵庫に常備しておけば、いつもの素材がちょっとしたご馳走に。そんなタレ、ソース、ドレッシングを集めてみました。どれも、しっかり計量さえすれば、手間なくつくれるものばかりです。

スーパーの棚には、さまざまなメーカーさんのさまざまな製品が並んでいます。バリエーションが豊富すぎて選びきれないくらいです。僕もたまに食べる機会がありますが、その度に、どれも本当によくできているなあ、と感心します。メーカーさん同士の競争も激しく、市場が成熟していると言うのでしょうか。どこもよそに負けないようにアイデアと技術力を駆使して、日々研究開発が重ねられているのでしょう。
ただしそこには、バリエーションの豊富さに反して、ある一定の傾向があります。個人的にはそれらはどれも、甘味と旨味が強すぎると感じます。これはある意味、市販品の宿命とも言えます。誰からも嫌われない食べやすさを目指せば、必然的にそうなってしまうのです。

ここで紹介するものは、誰もが好きになれそうなキャッチーな味わいは基本としつつも、省けるものは省き、あくまで素材を引き立てるバランスに整えたものです。それこそが手づくりの醍醐味と言えるでしょう。また手づくりの場合は、玉ネギなどの香味野菜のフレッシュな風味がそのまま生かせるという決定的なアドバンテージがあります。これは、流通を前提として製造上さまざまな制約がある市販品には、なかなかなし得ない部分です。

生姜焼きのタレ

豚の生姜焼き、というよりむしろポークジンジャーと呼びたくなる、洋食屋さん風のタレです。ミキサーさえあれば簡単につくれますが、ない場合は各材料をすりおろして合わせて下さい。使用するときは、肉の重量（生の状態）の30％が目安になります。

材料
玉ネギ（角切り）　60g
リンゴ（角切り）*　30g
ショウガ（スライス）　30g
ニンニク（スライス）　15g
濃口醤油　80g
みりん　80g

*余ったリンゴはカットして冷凍しておくといつでもこのタレがつくれて便利です

①すべての材料をミキサーに入れる。
②なめらかになるまで回す。

◎食べ頃の目安

・つくってすぐ……キリっと刺激的なおいしさ
・1日〜数日寝かせる……まろやかな味わい
・1週間〜1ヵ月寝かせる……熟成感とコクのある味わい

生姜焼きのタレを使って
豚の生姜焼き

オーソドックスな豚の生姜焼きも、部位を2種類用意するとそれだけで食べる楽しさがぐっと広がります。ここではバラとロースを合い盛りにしています。

材料（2〜3人前）
豚バラ（スライス）　150g
豚ロース（スライス）　150g
生姜焼きのタレ　90g
野菜（フリルレタスや千切りキャベツ）　適量

①フライパンで豚バラを焼く。香ばしく火が通って脂が染み出てきたら、皿にいったん取り出す。
②同じフライパンに豚ロースを重ならないように並べ、両面をさっと焼く。
③焼けたロースを片側に寄せ、空いた場所に❶を戻し入れ、生姜焼きのタレを加えて両方の肉に満遍なくからめながらさっと炒める。
④付け合わせの野菜とともに盛り付ける。

和風ステーキソース

たったこれだけの材料で、驚くほど深みのある味わいが出ます。特に牛肉に合いますが、「30分チキン」や「学生ステーキ」、さらには野菜の料理にも！ とにかく「素材を生かす」和風ソースです。できれば1週間以上寝かせてから使ってください。

材料
玉ネギ（角切り） 80g
リンゴ（角切り） 80g
濃口醤油 80g
みりん 80g

①すべての材料をミキサーに入れてなめらかになるまで回し、冷蔵庫で1週間以上寝かせる。

和風ステーキソースを使って
和風ステーキ

ステーキと、ステーキを焼いたフライパンで肉の旨味を溶かし込んだソースというシンプルな組み合わせ。さっぱりしたソースなので、よく絡むように肉は斜めそぎ切りにしています。

材料（2人前）
牛ステーキ肉 300g
塩 少々
黒コショウ 少々
日本酒（または水）30g
和風ステーキソース 90g
お好みのサラダか温野菜

①牛ステーキ肉に軽く塩と黒コショウをふってフライパンで焼く（テフロンパンなら油は不要）。
②肉が焼けたら取り出す。そのままのフライパンに日本酒（または水）を加え、加熱しながら鍋肌をこそげ落とす。
③❷に和風ステーキソースを加え、30秒ほど煮詰める。
④ステーキを削ぎ切りにし、付け合わせとともに盛り付け、❸のソースをかける。

フレンチドレッシング

半乳化状のとろりとしたドレッシングです。素材を邪魔せず、かつコクのある味わいは、生野菜だけでなくさまざまな料理の隠し味に使えます。基本的な分量はサラダ油、酢、野菜、塩、砂糖を2：1：1：0.1：0.1で、ここにお好みのスパイスやハーブなどを足します。野菜は玉ネギ＋ニンニクの組み合わせ以外に、玉ネギの一部をにんじん、セロリ、トマト、生姜などに置き換えても。生野菜サラダやコールスローの他に、「ミニマルポテトサラダ」の隠し味や「30分チキン」のソースとするのもありです。

材料
サラダ油　160g
米酢　80g
玉ネギ（スライス）　72g
ニンニク（スライス）　8g
塩　8g
砂糖　8g
粉辛子　4g
黒コショウ　2g

①すべての材料を入れ、なめらかになるまでミキサーにかける。

フレンチドレッシングを使って

ありったけご馳走サラダ

キッチンで目についたおいしそうなものや残りもの、カリカリしたものを片っ端からかき集めれば、それだけでもメインディッシュとなるご馳走サラダに！ それが本来の「気まぐれサラダ」です。フレンチドレッシングはどんな素材にもよく合います。

材料の一例
生野菜（レタス、トマト、キュウリなどの定番サラダ用野菜。他にピーマン、小松菜、蕪、大根、玉ネギ、セロリ、ショウガなどなど*）
トッピング（ハム、ソーセージ、焼きベーコン、目玉焼き、30分チキン、しっとりサラダチキン、野菜の蒸し煮各種、オリーブ、アンチョビ、チーズ、粉チーズ、焼きかぼちゃ、カリカリに焼いたバゲットや食パンとその耳、ポテトチップス、その他スナック菓子、フルーツグラノーラ、砕いたナッツなどなど）

*普通なら火を通す野菜や香りの強い野菜を少量加えると、アクセントとなって味わいが広がります

①生野菜を食べやすい大きさに切ってサラダボウルに盛る。
②食べやすい大きさに切った30分チキンやしっとりサラダチキンの余り、チーズなども盛り込み、炒めたベーコンと香ばしく焼いたバゲットなどを添える。
③フレンチドレッシングを回しかける。

ポリネシアンソース

ポリネシアンソースは一説によると、ハワイのアジア系移民によって生み出されたソースがアメリカのレストランを経由して日本にももたらされたもの。日本で市販されている「焼肉のタレ」は韓国料理というよりむしろこのポリネシアンソースが原型となっているのではと私は考えています。市販の焼肉のタレよりスッキリしていて何にでもよく合います。お家焼肉の時など、このタレと自家製ポン酢の２種類をつけダレとして用意すると楽しいです。

材料
A 濃口醤油 100g
　酒 100g
　みりん 50g
　ケチャップ 10g
　砂糖 25g
　ネギ（青い部分） 15g
　ニンニク（スライス） 15g
　ショウガ（スライス） 10g
煎り白ゴマ 5g

①Aの材料を鍋で沸かし、280g程度になるまで軽く煮詰める。
②常温で冷ます。ザルで漉して煎り白ゴマを加える。

ポリネシアンソースを使って
洋食屋の焼肉

玉ネギやピーマンも加えて炒め合わせた、洋食屋風の一品です。ここでは牛肉を使いましたが、豚肉の肉野菜炒めや、焼きそばなどの味つけにもどうぞ。

材料（2〜3人前）
サラダ油 15g
牛肉（切り落とし。豚肉でも） 300g
しめじ 60g
玉ネギ（スライス） 120g
ピーマン（スライス） 60g
ポリネシアンソース 90g

①サラダ油を引いたフライパンで牛肉（または豚肉）としめじをさっと炒める。
②肉にだいたい火が通ったら、玉ネギとピーマンを加えて炒める。
③野菜にしゃきっと火が通ったら、ポリネシアンソースを加えて、全体に絡めながら軽く炒める。

大正風ウスターソース

第一次大戦以前は、イギリスでもウスターソースは醤油をベースにつくられていたそうです。また日本では酢醤油に入手可能なスパイスを加えて簡易的にそれが模倣されていました。そんな時代のウスターソースを、現代の材料でリッチな香りとスッキリした味わいに仕上げました。フライやミニマル焼売にかける、ピーマンや玉ネギの「だけスパ」に少し垂らす、炒め物や焼きそばに……など幅広く活用してください。

材料

濃口醤油　200g
砂糖　50g
米酢　250g
シナモンスティック　5g
クローブホール　15粒
黒粒コショウ　30粒（2g）
ベイリーフ　5枚
メース　1g（またはナツメグパウダーひとつまみ）
タカノツメ　2本
玉ネギ（スライス）　50g
セロリ（スライス）　20g
ニンニク（スライス）　10g
水（必要なら）　適量

①材料をすべて鍋に入れてひと煮立ちさせ、ぐつぐつと約1時間煮込み、鍋の中身の重量が400gになるまで煮詰める（1時間経つ前に400g以下に煮詰まってしまうようならば、途中で水を加え、火にかけてから約1時間後に400gになるように調整する）。
②常温に1日おき、ザルで漉して冷蔵庫で保管する（長く寝かせるほどまろやかな味わいになる）。

大正風ウスターソースを使って

内田百閒風玉ネギ炒め

洋食好きと聞いた内田百閒のために、下宿のおばさんは毎日玉ネギのソース炒めを食膳に並べ、百閒先生は内心うんざりだったとか。そのソースは、酢醤油に七味唐辛子を加えて煮立てたものでした。このレシピだったら百閒先生も大満足だったのでは？

材料（1～2人前）

バター　15g
牛肉（切り落とし）　100g
玉ネギ（繊維に沿って太めに切る）　240g
大正風ウスターソース　30g

①バターを溶かしたフライパンで牛肉をざっと炒め、肉の色が変わったらすぐに裏返す。
②玉ネギを加え、さっと炒め合わせる。
③大正風ウスターソースを加えて絡める。玉ネギはシャキッとした食感がおいしいので、炒めすぎないのがポイント。

自家製ポン酢４種

かぼすやすだち、柚子など、もしくはそれらの果汁がたっぷり手に入ったら、おいしいポン酢をつくりおきしましょう。キリっとして飽きのこないおいしさです。いずれのレシピも寝かせることでだんだん味わいがまろやかになっていきますが、合わせ立てもまた良いものです。

〈すべてのポン酢のつくり方〉
材料を合わせ、１日寝かせれば使える。
１週間ほどおくとまろやかになり、そのまま冷蔵庫で１年以上日持ちする。

基本のポン酢

果汁が少なくてもたくさんつくれて経済的。鍋の時は鍋だしで少し割って使うのがおすすめです。

材料	割合	つくりやすい分量
柑橘果汁	1	50g
米酢	1	50g
濃口醤油	2	100g
みりん	0.4	20g

純ポン酢

柑橘果汁と醤油を1:1。高級感あふれる贅沢なポン酢です。コリコリした白身のお刺身や、あん肝、白子などに最高！

材料	割合	つくりやすい分量
柑橘果汁	1	100g
濃口醤油	1	100g

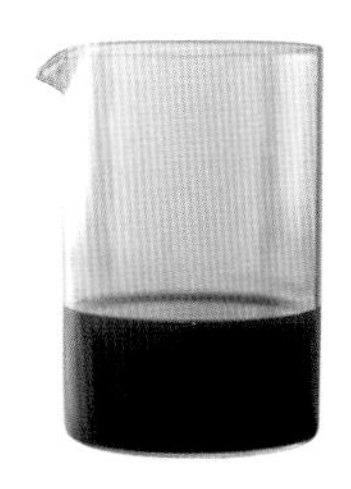

昆布ポン酢〈イチオシ！〉

基本のポン酢に、昆布を突っ込んでおきます。昆布は入れっぱなしでも大丈夫。日ごとに旨味が浸透します。最後、昆布はきざんで「酢昆布」として箸休めにどうぞ。

材料	つくりやすい分量
基本のポン酢	上記全量
昆布	長さ10cm分

だしポン酢

昆布ポン酢にさらに、だしパックも突っ込みます。市販の高級ポン酢風のリッチな味わいになります。ここに砂糖も足すとより市販のものに近づきますが、だったら買ったほうがいいという話でもありますね。

材料	つくりやすい分量
昆布のポン酢	左記全量
だしパック	１袋

ミニマル洋食　クラシック

「街の洋食屋さん」は、日本中でその数を徐々に減らしています。昔は特別なご馳走であったハンバーグやビーフシチューは、今となってはどこにでもある料理です。オムライスやコロッケなどの気軽な洋食も含め、それらはファミレスや冷凍食品などで、いつでも安く食べられます。そんな中で古くからの洋食屋さんは、後を継ぎたがる人もなかなかいなくて、近年では減っていく一方なのです。

昭和の家庭でよくつくられていた洋食も、最近ではすっかりイタリア風の料理にお株を奪われてしまった感があります。
しかしそうは言っても、昔ながらの洋食はやっぱりいいものです。特に老舗洋食店で食べるそれは、（昔ながらの料理に往々にしてあることですが）今時の洋食に比べて、地味ながらもシンプルで飽きのこない味わい。「ハイカラ」とでも言いたくなる、一周回ってお洒落な料理でもあります。
カレーライスひとつとっても、最近の進化した固形ルーでつくるカレー、あるいは専門店のカレーや本格的なスパイスカレーなどともまた違う、洋食カレーならではの落ち着いた良さがあります。

そんなクラシック洋食は、今こそ家庭でつくられるべき「宝の山」なのです。ここではその一部を紹介していきます。

ホテルレストランのクラシックミートソース

大正〜昭和のホテルレストランでつくられていたようなミートソース再現レシピです。ファミレスや喫茶店のミートソースではなく、イタリア料理店のボロネーゼでもなく、かつてフランス料理のコックさんたちによってつくられた古き良きご馳走の味わいが、何時間も鍋につきっきりになる代わりに炊飯器で一晩放置するだけで完成します。P.128「あんかけスパ」のソースに発展させたり、グラタンやドリアにも使えます。

材料

牛挽き肉（または合い挽き）　150g
玉ネギ　160g
じゃがいも　160g
にんじん　60g
セロリ　15g
ニンニク　5g
トマト缶　300g
塩　8g
黒コショウ　2g
ナツメグ　少々（0.5g）
水　100g
ベイリーフ　2枚

①玉ネギ、じゃがいも、にんじんは皮をむき、厚さ5mmのスライスにする。セロリとニンニクも厚さ5mmのスライスにする。
②炊飯器にベイリーフ以外の材料をすべて混ぜ合わせる。ベイリーフをのせて炊飯し、保温状態で一晩放置する。
③ベイリーフを取り除き、マッシャーやヘラで野菜を崩してペースト状にする。

*野菜の中でもじゃがいもは必須。野菜が多く肉が少ない分量の中で、じゃがいもが甘味の役割を担います

炊飯器は通常の白米モードでOK。まず木ベラでざっとつぶし、もっとなめらかにしたければゴムベラでさらにつぶす。

展開

あんかけスパのソース

「ホテルレストランのクラシックミートソース」から「まかない」として生まれたのが名古屋名物あんかけスパゲッティ。今やジャンクなＢ級グルメとして見做されがちですが、実はそんな由緒正しい出自を持つ料理であることが、これをつくるとおわかりいただけるかと思います。

材料（1.5〜２人前）
ホテルレストランのクラシックミートソース（P.126）　100g
塩　4g
黒コショウ　2g
味の素　少々（0.2g）
片栗粉　18g
水　200g

①水以外の材料をすべて混ぜ合わせる。
②水を加えて弱火にかけ、とろみが出るまで加熱する。

*このソースには、かためにゆでてからラードで炒めたスパゲッティがよく合います。今回は「ポークピカタ」とパセリもトッピングしました。
ポークピカタは、豚ロースに軽く塩とコショウをしてから小麦粉をはたき、粉チーズを混ぜた溶き卵にくぐらせて、フライパンでバター焼きにしたものです。
ちなみに……、ポークピカタは昔も今もあんかけスパの定番トッピングのひとつですが、現代のほとんどの店ではすっかり簡略化（豚コマを混ぜて焼いた平たい卵焼き）されており、写真のような正統派のピカタは、ほぼ絶滅に近い状態です

片栗粉のとろみがポイント。泡立て器を使うと混ぜやすい。

基本の昔カレー

戦前に日本の家庭や大衆食堂でつくられていたであろう極めて素朴なカレーを再現してみました。現代のカレーに比べると旨味もコクも控えめですが、それが逆に滋味深くしみじみとしたおいしさにつながっています。
シンプルな分、スパイスの香りが立った味わいは、ミールスやダルバートなどインド・ネパールの本場のカレープレートの一品に紛れ込んでいても違和感がないような、そんな意味でもちょっと不思議なおいしさ。カレー好きの方にこそ一度は食べていただきたい原点の味わいです。

材料（3〜4人前）
サラダ油（あればラードまたは牛脂）　30g
豚コマ肉　100g
A　玉ネギ（2cmの角切り）　240g
　にんじん（厚さ5mmのいちょう切り）　100g
　じゃがいも（皮をむいて3cmの角切り）　160g
カレー粉　8g
水　300g
塩　8g
砂糖　5g
水溶き小麦粉
　小麦粉　20g
　水　40g

①鍋にサラダ油を熱し、豚コマ肉をさっと炒める。Aの野菜を加え、さらに炒める。
②カレー粉を加え、香りが立つまでさっと炒める。
③水、塩、砂糖を加える。沸いたら蓋をして20分ほど煮込む。
④野菜が完全にやわらかくなったら、できれば鍋中重量を計る（800g弱が理想。大幅に少なければ水を足し、多ければ煮詰める）。
⑤水溶き小麦粉を少量ずつ加えてとろみをつける。
⑥味見して、必要なら塩（最大2g。分量外）を足す。また、味の素ひとつまみ（0.3g程度。分量外）を加えると味がまとまりやすい。

カレー粉は炒めすぎに注意。小麦粉はダマにならないように水に溶き、少しずつ加える。

展開① 昔カレー　ブルジョワジー

昔カレーの時代に、上流階級やちょっといい洋食店で出されていたようなイメージのカレーです。昔カレーのソリッドな良さは残しつつ、より多くの人に好まれそうな味わいに着地します。昔カレーと現代のカレーの中間的な味わいですが、ちょっとしたレストランっぽさもあります。

材料（3～4人前）
バター　30g
A　牛肉（切り落としまたは角切り）　200g
　おろしニンニク　8g
　おろしショウガ　5g
　玉ネギ（2cmの角切り）　240g
　にんじん（厚さ5mmのいちょう切り）　80g
　じゃがいも（皮をむいて3cmの角切り）　80g
カレー粉　12g
B　水　300g
　塩　5g
　顆粒コンソメ　5g
　砂糖　5g
　ベイリーフ　2枚
冷凍グリーンピース　30g
トマトケチャップ　30g
水溶き小麦粉
　小麦粉　20g
　水　40g
バター　15g

①鍋にバター30gを熱し、Aの材料をさっと炒める。
②カレー粉を加え、香りが立つまでさっと炒める。
③Bを加え、沸いたら蓋をして20分程度煮込む。
④野菜が完全にやわらかくなったら、できれば鍋中重量を計る（800g弱が理想。大幅に少なければ水を足し、多ければ煮詰める）。
⑤冷凍グリーンピースとトマトケチャップを加え、水溶き小麦粉をダマにならないように少しずつ加えてとろみをつける。バター15gを加える。
⑥味見して必要そうなら塩を足す（最大2g。分量外）。味の素ひとつまみ（0.3g程度。分量外）を加えると味がまとまりやすい。

バターで炒めた牛肉に、グリーンピースとトマトケチャップで洋食っぽさをプラス。

展開② ビートン夫人風カレー

ビートン夫人（Isabella Beeton）が1861年に出版した『家政読本』は言わば料理本の元祖の一つであり、そこにはいくつかのカレーのレシピも記されています。日曜日にまとめて塊肉をローストして1週間それをさまざまな料理に展開するという当時のイギリス中流家庭の食習慣の中で、カレーは重要な役割を持っていました。日本の欧風カレーの重要なルーツのひとつとも言えるそんなレシピを、ミニマルさはそのままに、よりつくりやすくアレンジしたのがこちらです。

材料（2人前）
バター　30g
玉ネギ（繊維を断つようにスライス）　120g
A 小麦粉　10g
　カレー粉　4g
　塩　2g
鶏スープ（P.76）　250g
30分チキン（P.84）またはしっとりサラダチキン（P.76）
　100〜200g
レモン汁（または酢）　少々

①鍋にバターを熱し、玉ネギを炒める。
②玉ネギがしんなりしたらAをふり入れ、さらに炒める。
③鶏スープを注ぎ、とろみが出るまで軽く煮込む。
④30分チキン（またはしっとりサラダチキン）を加え、温める程度に軽く煮込む。仕上げにレモン汁を加える。

玉ネギは焦げないようじっくり炒める。鶏スープは水250g＋顆粒スープ3gで代用可能。チキンの量はお好みで。

番外

めちゃくちゃおいしい本気の欧風カレー

たまには腰を据えてじっくりホテルレストラン風の本格欧風カレーを！ と言っても複数の工程を並行して行えばさほど時間はかからず、難しい工程もありません。それなのに達成感がすごいんです。

材料（3〜4人前）

［肉の煮込み］
牛肉（スジ肉、スネ肉などゼラチン質の多い部位） 300g
水 300g
ベイリーフ 2枚

［野菜ペースト］
バター 15g
A 玉ネギ（スライス） 240g
にんじん（スライス） 30g
セロリ（スライス） 30g
りんご（スライス） 30g
ニンニク（スライス） 8g
水 100g

［カレールー］
サラダ油 10g
バター 10g
小麦粉 20g
カレー粉 12g
「肉の煮込み」の煮汁 全量

［仕上げ］
塩 8g
砂糖 5g
トマトケチャップ 30g
ウスターソース 15g
ガラムマサラ 4g

［肉の煮込み］①すべての材料を圧力鍋で20分程度煮込む。

ポイント 普通の鍋を使う場合の煮込み時間は90分ほど。

［野菜ペースト］②鍋にバターを溶かし、Aの野菜類を炒める。水を注いで蓋をし、20分程度蒸し煮にする。

ポイント 野菜が完全にやわらかくなるまで火を通す。

③粗熱をとり、ミキサーでペースト状にする。

ポイント 道具はハンドブレンダーやフードプロセッサーでもOK。

［カレールー］④フライパンでサラダ油とバターを熱し、小麦粉を加えて炒める。

⑤全体がなめらかになったら
さらに少し色づくまで炒める。

ポイント　いわゆる「ブラウンルー」の状態にする。

⑥カレー粉を加えてすぐに火を止め、
ヘラで混ぜる。

ポイント　余熱で火を通しながら香りを立てる。

⑦再び弱火にかけ、［肉の煮込み］の
煮汁で溶きのばす。

ポイント　ダマにならないよう煮汁は少しずつ加える。

［仕上げ］⑧肉の煮込み、野菜ペースト、
カレールーを合わせ、仕上げの材料もす
べて加える。軽く煮込んで馴染ませる。

ポイント　できればこの後1日おくと劇的に美味しくなる。

撮影　天方晴子
アートディレクション&デザイン　藤田裕美（FUJITA LLC.）
DTPオペレーション　勝矢国弘
編集　井上美希、丸田祐

稲田俊輔／イナダシュンスケ

料理人、飲食店プロデューサー。鹿児島県生まれ。京都大学卒業後、飲料メーカー勤務を経て円相フードサービスの設立に参加。居酒屋、和食店、洋食、フレンチなどさまざまなジャンルの業態開発に従事する。2011年、東京駅八重洲地下街に南インド料理店「エリックサウス」を開店。南インド料理とミールスブームの火付け役となる。

著書に『南インド料理店総料理長が教えるだいたい15分！　本格インドカレー』『だいたい1ステップか2ステップ！　なのに本格インドカレー』（ともに弊社刊）、『人気飲食チェーンの本当のスゴさがわかる本』『飲食店の本当にスゴい人々』（ともに扶桑社新書）、『チキンカレーultimate21+の攻略法』（講談社）、『カレー、スープ、煮込み。うまさ格上げ おうちごはん革命　スパイス&ハーブだけで、プロの味に大変身!』（アスコム）、『おいしいものでできている』（リトルモア）など。2022年には初の小説集『キッチンが呼んでる!』（小学館）を上梓。

インターネットでの情報発信も活発に行っており、本書収録の「30分チキン」「だけスパ」「ミニマルラーメン」などのレシピはTwitter（@inadashunsuke）で大きな話題を呼んだ。

ミニマル料理

最小限の材料で
最大のおいしさを手に入れる現代のレシピ85

初版発行　2023年2月5日
2版発行　2023年3月10日

著者©　稲田俊輔

発行者　丸山兼一
発行所　株式会社柴田書店
〒113-8477　東京都文京区湯島3-26-9　イヤサカビル
電話　営業部　03-5816-8282（注文・問合せ）
書籍編集部　03-5816-8260
https://www.shibatashoten.co.jp

印刷・製本　シナノ書籍印刷株式会社

ISBN 978-4-388-06361-1 C2077
Printed in Japan